民国首版学术经典

理学纲要

吕思勉 编

图书在版编目（CIP）数据

理学纲要/吕思勉编．—上海：上海科学技术文献出版社，2014.5

（民国首版学术经典丛书）

ISBN 978-7-5439-6163-0

Ⅰ．① 理… Ⅱ．① 吕… Ⅲ．① 理学—概论 Ⅳ．① B244

中国版本图书馆 CIP 数据核字（2014）第 030384 号

责任编辑：张　树　李　莺
封面设计：周　婧

理 学 纲 要

吕思勉　编

出版发行：上海科学技术文献出版社
地　　址：上海市长乐路 746 号
邮政编码：200040
经　　销：全国新华书店
印　　刷：上海中华商务联合印刷有限公司
开　　本：850×1168　1/32
印　　张：7.375
版　　次：2014 年 5 月第 1 版　2014 年 11 月第 2 次印刷
书　　号：ISBN 978-7-5439-6163-0
定　　价：45.00 元

http://www.sstlp.com

出版说明

民国时期国运只有短短三十余年,却在中国历史上拥有着举足轻重的地位。随着内忧外患和封建帝制的瓦解,其春秋战国般的转轨期,也造就出锋芒的释放。其最耀眼夺目莫过于思想界,思想家们争先恐后地登台亮相,各路思潮之激荡,能臻之繁复,为现代所未有,且其视野之开阔、维度之深阔,皆堪比先秦诸子时代,亦为后人所难逾。

有鉴于此,我们从民国时期的思想类著作中精选一批,以"民国思想丛书"之名,分类其精而出版。第一辑拟收入三十四种著作,分十册,分为"国学"和"文史"两部分。其中,"民国国学类典藏"收录王桐龄《中国史》、缪凤林《中国通史纲要》、李泰棻《中国史纲》、金兆丰《中国通史》、章嵌《中国目录学》、吕思勉《经子解题》、胡朴安《中国学术史》(合一册)、胡适《五十年来中国之文学》、郑振铎《插图本中国文学史》、谢无量《中国大文学史》(合一册)、梁启超《自序》、《清代学术概论》、《近代中国思想家》、胡适编《韩和辑略》等;"民国文史类典藏"收录方国瑜《摩些象形文字谱》,顾颉刚编著《孟姜女》等。

这些出自名家之手的著作,或为同一代风气的领衔之作,如熊希龄先生编纂的《近代中国思想家》,是近代代一部研究思想专题的集萃,还原了思想家被湮没的面貌,也是研究中国思想者可以凝睇目光之一;如曰间的称为《白话本国史》,探索其他的作者,也是中国较早一部用白话文写成的中国史著,就已属稀罕而生动,其间绕家有识学发的《清代学术概论》,这是一部国学者梁启超的思想源流及其学术概要也是其宗师的经纪乘作,也是构思现代代书性作品之一;又如学术的传统大家那时代对中期对面的家学着重代言以家的学术大潮等,,构建各代代表其为主张点或态度以及其人物的成就的名方,一部朗开世的即经谈来瀚说,并且是一代人之作为有奉于的年代。

人们必读书；其功用如题所明《五十年来中国之文学》。从名义上的文学来论，乃文学的纵轴，以现小说的发达及变迁，文章有识员读四方思并想是其五十年的文学，在伟大年漫长的回转中重更开辟新路，每文都东新篇章。

"民国其所文章经典"，则每书皆经细细时编《民国文库》（第一辑上）来湖《石门集》、邵单平《火灾》、王精庵《佛骨》，前圆陷隐山等《第一子系》（合一册），徐袭庵《徐袭庵选集》，邵单平《第七重天，编红《编辑》》、莫莫水《红莲》、张蔚水《莲篆》、陈荷家《新月持护》、叶圣陶《重影》，前《朱雁的梦》（合一册）；引一个解纪念事们的《我们的八月八日》，张蔚水、蒋诚某《红的的人事》，米目雅等《我们的五月八日》春，前碎花寺、此瀛天《死存》，前源《恩思昔日记》，未醒圆《未的瘸梅篆》等。

文章有民所排荟关同简结了之事，此愿缔编提瑟目属，纂有中所收。
不之还有的"陌新菩"，如蔡氏红的《生死肠》、举一此此他选编都景有文
戏；如果爱木撒红的其情少说《红玉》、《莲篆》、《茉篆》等，一肱串陕，编新
多年；因解还有大少别样看是见分从抒编少，起无君朱谊圆茶翁一次得印
出版的，如引一个雁纪念岁者所编《引一个雁水漠篆》、运集十千的印圆
每一周年其出版，景时申旧发一千年册；如黎苹胡暖篇《民园文库》（第一
辑上篇》）、—九二八年其所发行，编圆将一直投有其联，已走瓣掉韧。
终上，"民国其所经典承篆"，内容包罗覆深，别篆持毅，小说、
般文、幻其文篆、中每母校、追旮、文章母校等方面圆，所瀛特
出目名家、大家之手，或篆名每材篆某之件，或篆未犬氏之篆弟，
或区教辜取精、能够瑟透的辟开之件，其中不乏流传坏少，稿瓣遮
事的双思、政们具有心认解，收着须更花薇书所的原本，即所能
印，楷姿剧写，以譲襕未。

编者
二零一四年十二月

理學綱要

呂思勉 編

商務印書館發行

理學綱要

呂思勉 編

商務印書館發行

序

本書計十五篇,乃民國十五年予在上海滬江大學講中國哲學史時所手編之講義也。今略加修改,以成是書。

理學行世幾千年與國人之思想關係甚深;然其書率多瑣碎乏條理又質而不文,讀者勸焉。後有學案之作,人猶病其繁重,卒不能得其要領也。是書舉理學家重要學說及其與前此學術思想之關聯、後此社會風俗之影響,一一挈其大要,卷帙雖少,綱領具,讀此一編,於理學之為如何學問可以知其大概矣。故名之曰《理學綱要》。

自宋迄今以理學名家者無慮千人,然其確有見地不與衆同者不過十餘家耳,茲編卽以是為主(其大同小異者卽附其人之後,如慈湖附象山後是也。)其無甚特見者,總為一篇敍其名氏傳授,以見斯學之源流派別而已。諸賢事迹限於篇幅未及詳敍,如欲悕論其世,固有史傳及諸家學案在也。

理學與古代哲學及佛學皆有關係,近人類能言之,然所見者似皆非其真也,茲故別為一篇論之,雖似旁文實為斯學來歷了此,則理學中重要之說皆迎刃而解矣,不可不細讀也。

數術非中國哲學正宗,然亦自成一派,且與社會思想關係頗深,世多目爲索隱行怪或斥爲迷信,非也。數術家之所言雖未必確以爲迷信則實不然。眞知數術家之所言乃知迷信之流自附於數術者悉非其實耳茲總爲一篇敍之。邵子雖以數術名實於哲理發明爲多數術非所重也故別爲篇。

理學特色在於躬行實踐,非如尋常所謂哲學者但騖好奇之心馳玄遠之想而已諸家之說各有不同,非好爲異也補偏救弊立言固各以其時殊塗同歸轍跡原無須強合。又有前人見其淺後人見其深者此則思想演進次第當然不必存入主出奴之見也茲編於諸家相承相矯及其同時分爭合一之故並詳析言之以見學術演進之跡至於各人受用則或因其性之所近或矯其習之所偏有難範以一律者,非茲編之所能言也。

民國十七年三月二十三日武進呂思勉識

理學綱要目錄

篇一　緒論……………………………………一
篇二　理學之原………………………………一二
篇三　理學源流派別…………………………二五
篇四　濂溪之學………………………………三五
篇五　康節之學………………………………四八
篇六　横渠之學………………………………六五
篇七　明道伊川之學…………………………七八
篇八　晦庵之學………………………………九四
篇九　象山之學………………………………一一六
篇十　浙學……………………………………一二八
篇十一　宋儒術數之學………………………一四三

篇十二 陽明之學	一五六
篇十三 王門諸子	一七四
篇十四 有明諸儒	一九一
篇十五 總論	一九九

理學綱要

篇一 緒論

今之人有恆言曰「宇宙觀」又曰「人生觀」其實二者本係一事。何則？人者宇宙間之一物明乎宇宙之理則人之所以自處者自得其道矣。

哲學非絕人之事也。凡人所爲亦皆有其所以然之故即哲學之端也。雖然此特隨事應付事物耳若深思之，則我之所以處此與此事之究須措置與否乃皆有可疑（如飢而食特應付事物耳見在之飲食是否相宜？食而生不食而死孰爲眞是？凡飲食者未有能言之者也。一一窮究之即成哲學矣。）恆人爲眼前事物所困，隨事應付且不暇更何暇遊心於高遠然一社會中必有處境寬閒能遊心於遠者；又必有因性之所近遇事輒喜思索者乃取恆人所不暇深思及其困於智力不能深思之端而一一深思之。而哲學於是乎起矣。

然則哲學非隨事應付之謂也。隨事應付恆人本自能之所有待於哲學者則窮究宇宙之理以定目前應付之法耳。（以非窮究到底則目前應付之法無從證爲眞是也。）然則哲學者窮究宇宙之理以明立身

篇二 理學之原

處世之法也，故眞可稱爲哲學家者其宇宙觀及人生觀，必有以異於恆人。而不然者則不足稱爲哲學家。有一種新哲學與必能改變舊哲學之宇宙觀及人生觀。而不然者則不足稱爲新哲學。

吾國哲學有三大變遂古之世本有一種幽深玄遠之哲學與神敎相混爲後來諸子百家所同本諸子之學非不高深然特將古代之哲學推衍之於各方面其宇宙觀及人生觀初未有所改變也。西漢、魏、晉諸儒，不過發揮先秦諸子之學更無論矣此一時期也佛敎東來其宇宙觀及人生觀實有與吾國異者吾國人受其感化而其宇宙觀人生觀亦爲之一變此又一時期也佛學既敝理學以與佛學之長然其大體固欲恢復吾國古代之哲學以拯佛學末流之弊宋學之中朱、陸不同有明之學陽明、甘泉諸家亦復互異然此僅其修爲之法小有乖違以言乎其宇宙觀人生觀則固大致相同也此又一時期也今之人類能言之然其所以然之故及其同異之眞則能詳悉言之者甚鮮茲編略述宋明哲學即所謂理學者之眞相及其與他時代之不同幷其所以然之故千金敝帚雖或寶燕石而不自知然大輅椎輪先河後海鄒書燕說世固有其物不足貴而其功不必薄者矣。

理學者,佛學之反動,而亦兼采佛學之長以調和中國之舊哲學與佛學者也。一種學術,必有其獨至之處,亦必有其流弊;流弊不可無以矯之;獨至之處,亦不容埋沒,故新興之學術,必能袪舊學術之流弊而保其所長,謂爲代與之新學術可謂爲改良之舊學術亦無不可也凡百學術新舊遞嬗之際皆然佛學與理學亦何獨不然。

又天下無突然而生之事物;新者之興,必有所資於舊。天下亦無真芻狗可棄之事物;一種學術,一時爲人所厭棄,往往隔若千年而又盛行焉理學之於中國舊哲學則如是中國舊有之哲學蓋自神教時代遞演遞進至周秦之際而極盛兩漢魏晉雖間有新思想然其大體固不越古代哲學之範圍佛教興而中國哲學一時退處於無權然其中固不乏獨至之處,宋學興,乃即以是爲憑藉以與佛學相抗焉故不知佛學之大要不可以言宋學不知中國古代哲學之大要亦不可以言宋學也。

哲學有其質亦有其緣。論其質則世界哲學無不從同以人之所疑者同也。論其緣則各民族所處之境,不能無異所處之境異斯其所以釋其疑者亦自異矣此世界各國之哲學所以畢同畢異也明乎此乃可據見在哲學之條理以求中國古代之哲學

哲學之根本云何?曰宇宙觀、人生觀是已人生而莫不求知;求知,則凡可知之物,莫不欲盡明其底蘊。人

生而莫不求善,求善則我之所執以為我者,必求措諸至當之地而始安。夫宇宙者,萬物之總括也。明乎宇宙,則於事物無不明;我者宇宙中之一物也。明乎宇宙之蘊則我之所以自處者不難得其道而自無不得其道矣。此宇宙觀與人生觀所以二而實一而各國哲學莫不始於宇宙論也。

宇果有際乎?宇果有初乎?此非人之所能知也。顧古之人不知其不可知也,不知其不可知,而其事又卒不可知古之人果何以釋此疑哉?曰不知彼者視諸此,由近以推遠,即小以見大,此人類求知之恆蹊,哲學之初亦若是則已矣。

物必有其所由來;欲明其物者,必先知其所由來,此不易之理也。芸芸萬物,果孰從而知其所由來哉?古之人則本諸身以為推。見夫生物之生,必由牝牡之合也,則以為一切物亦若是而已矣。所謂「物本乎天,人本乎祖」也。(禮記郊特牲) 於是陰陽為萬有之本之義立焉。是為哲學之第一步。(古代哲學殆無不自男女搆精推想而出者易之一二畫疑即象男女陰陽。老子曰:「大國者下流,天下之交,天下之牝牡常以靜勝牡,以靜為下。故大國以下小國則取小國;小國以下大國則取大國。故或下以取,或下而取,大國不過欲兼畜人小國,不過欲入事人。夫兩者各得所欲,大者宜為下。」尤皆以男女之事為喻也。哲學之初雜以男女生殖之說,不獨中國為然。實由古人所欲推求,首在萬物之所由來也。)

顧旣求所謂原因，則必得其惟一者。求萬物之所由來，而得陰陽二元，非人智之所能甘也。則必進而求之，而惟一之境，實非人所能知，則不得不出以假設，以爲陰陽以前實有一爲陰陽之所自出者，是爲兩儀所從生之大極，是爲哲學之第二步。

哲學者所以解釋一切見象也。不能解釋一切見象，不足以爲哲學。哲學旣有哲學，則必對一切見象力求有以解釋之。故哲學以解釋事物而與亦以解釋事物而生變遷。有陰陽二者足以釋天地之相對矣，足以釋日月之代明矣。然時則有四，何以釋之？於是分陰陽爲大少，而有所謂四象。人之前後左右其方向亦爲四，以四象配之足矣。更加以身之所處則爲五；更加首之所戴則爲六，四正加以四隅則爲八；八加中央爲九；九之周圍爲十二，恰與一年十二月之數相當於是天子之治天下十二月各有其當行之政謂其本乎天意也。（五帝六天說出緯候謂東方靑帝靈威仰主春生南方赤帝赤熛怒主夏長西方白帝白招拒主秋成北方黑帝汁光紀主冬藏中央黃帝含樞紐則寄王四時以四時化育亦須土也更加昊天上帝耀魄寶則爲六帝昊天上帝爲最尊之天神餘五帝則分主化育之功者也。大一行九宮說出乾鑿度鄭注曰：「大一者北辰神名下

而昊天上帝則無所事事之說出焉。有上帝周行八方而還息乎中央所謂大一行九宮之說出焉。九宮之周圍爲十二恰與一年十二月之數相當於是天子之治天下十二月各有其當行之政謂其本乎天意也。（五帝六天說出緯候謂東方靑帝靈威仰主春生南方赤帝赤熛怒主夏長西方白帝白招拒主秋成北方黑帝汁光紀主冬藏中央黃帝含樞紐則寄王四時以四時化育亦須土也更加昊天上帝耀魄寶則爲六帝昊天上帝爲最尊之天神餘五帝則分主化育之功者也。大一行九宮說出乾鑿度鄭注曰：「大一者北辰神名下

行八卦之宮每四乃還於中央。中央者北辰之所居，故謂之九宮。天數大分以陽出以陰入。陽起於子，陰起於午，是以大一下行九宮從坎宮始。自此而從於坤宮自此而從於震宮自此而從於巽宮所行半矣還息於中央之宮。既又自此而從於乾宮又自此而從於兌宮又自此而從於艮宮又自此而從於離宮行則周矣上遊息於大一之星。而反紫宮行起從坎宮始終於離宮也。」案此所謂大一者，即昊天上帝耀魄寶也。古說天有九野，故地有九州。明堂亦有九室王者居之以出政令蓋象昊天上帝也五官之設，則所以象五方帝也昊天上帝無所事事故古代君德亦貴無爲無爲非無所事事乃復起之義其初蓋正謂無所事事耳古代神教最尊天象故舉四時八方等說一一以此貫之也。○天有九野，見淮南子天文訓。）凡此者皆舉錯雜之見象一一以哲學釋之，且穿貫諸說爲一說者也此爲哲學之第三步。

自物質言之，則因天有四時而萬物皆生於土乃分物質爲五行。五行之生，以微著爲次此所以說萬物之生成（尚書洪範正義：「萬物成形以微著爲漸五行先後亦以微著爲次水最微爲一火漸著爲二木形實爲三金體固爲四土質大爲五也」）又有相生相勝之說，則所以說萬物之迭成迭毀者也。（蕭吉五行大義：「木生火者，木性溫暖伏其中鑽灼而出火生土者，火熱故能焚木木焚而成灰灰即土也金居石依山津潤而生聯土成山必生石故生金金生水者少陰之氣溫潤流澤銷金亦爲水水生木者水潤而能生」白虎

通五行篇：「天地之性衆勝寡故水勝火也精勝堅故火勝金剛勝柔故金勝木專勝散故木勝土實勝虛故土勝水也」案此篇於萬物之成毀無不以五行生勝釋之其說雖不足信然在當時實能徧釋一切現象且頗有條理統系也）

萬物之迭成迭毀，自淺者視之，則以爲成者自無而出有毀者自有而之無而已。稍深思之則知宇宙間物，祇有所謂變化更無所謂有無質力不滅之理固不必待科學爲證卽據理推測亦未嘗不可得之也旣知宇宙間祇有變化更無有無則不得不以萬物之原質爲一萬物之原質古人名之曰氣。「臭腐化爲神奇神奇復化爲臭腐」皆此氣之變化也。（莊子知北遊：「人之生氣之聚也聚則爲生生則死臭腐復化爲神奇神奇復化爲臭腐通天下一氣耳」）於是萬物之原因乃不在其何以有而在其何以變。（此時已知有無之不可知矣。列子湯問：「殷湯問於夏革曰古初有物乎?夏革曰古初無物今安得物後之人將謂今之無物可乎?湯曰然則物無先後乎?夏革曰物之終始初無極已始或爲終終或爲始惡知其紀然自物之外自事之先朕所不知也」言此義最明。）世界質力之變化非人之所能知也卽其變而名之則曰動而已矣於是世界眞原因乃成爲一種動力易大傳曰「易不可見則乾坤或幾乎息」」（易與春秋皆首元元卽動力也易曰：「大哉乾元萬物資始乃統天」。春秋繁露重政篇曰「元猶原也元者萬物之本在乎天地之前」）乾鑿度

曰：「有太易，有太初，有太素。太易者，未見氣也。太初者，形之始也。太素者，質之始也。氣形質具而未相離謂之渾沌。渾沌者言萬物相渾沌而未相離也」皆以一種動力為宇宙之原也。）老子曰：「有物混成先天地生宿兮寥兮獨立而不改周行而不殆可以為天下母也」又曰：「谷神不死是謂玄牝，玄牝之門，是謂天地根緜緜若存用之不勤」皆指此而言之也。（谷者空虛之義神者動力之謂不死言其不息。玄者深遠之義牝者物之所由生玄牝之門是謂天地根言天地由此而生緜緜若存言其力之不可見用之不勤仍言其不息也。）是為哲學之第四步。

宇宙之間既無所謂有無之見破尋常所謂有無之見破尋常所謂有無者其實皆有其實皆有，而又明見為無則所謂有無者非真有無乃人能認識與不能認識之別耳同一氣也何以或為人所能認識或為人所不能認識以其氣有疏密故也密則為人所能識疏則非人所能識矣故曰「精氣為物遊魂為變」（精者物質凝集緊密之謂公羊莊十年：「觕者曰侵精者曰伐」注：「觕麤也精猶密也。」老子「窈兮冥兮其中有精其精甚真」真闓同訓管子內業：「凡物之精此則為生下為河嶽上為列星」即「精氣為物」之說又曰：「流於天地之間謂之鬼神」則「遊魂為變」之說也遊訓遊散見韓康伯注。）古人說死生之故恆以是言之。（人所識謂之明所不識謂之幽有幽明而無死生也後來言此理者張橫渠最明。）

既以宇宙萬物爲一氣所成陰陽二元之說，其自此途廢乎？曰：不然。陰陽之說與一氣之說，相成而不相破者也。自其本質言之曰一氣，自其鼓盪言之曰陰陽。蓋變動之象爲人所能識者，不外乎相迎相距。一迎一距以理言固可謂爲同體而異用。以象論夫固見其然而不同，既已判然而不同，即可立陰陽二名以命之矣。職是故古人卽所謂一氣者而判之爲輕清重濁二端「輕清者上爲天重濁者下爲地」（見列子《天瑞篇》）物之輕浮而上升者皆天類也其重濁而下降者皆地類也。（易文言曰「本乎天者親上本乎地者親下則各從其類也」）天地之氣初非各不相涉而且彼此相求春融和夏炎暑則曰「天氣下降地氣上騰」秋肅殺冬閉塞則曰「天地不通」（月令）自男女雌雄牝牡之相求以至於日月之運行寒暑之迭代無不可以是釋之陰陽二元之說與宇宙原質爲一氣之說不惟不相背且相得益彰相待而成矣。是爲哲學之第五步。

宇宙一切現象，既莫非氣之所成，而其所由然，又皆一氣之自爲鼓盪，而非有物焉以爲之主（莊子所謂「吹萬不同使其自己咸其自取怒者其誰」也）。則其說已成今所謂汎神論汎神論者世界之本體卽神。於其浩無邊際，而見其偉大焉。於其更無起訖而見其不息焉。於其變化無方而仍有其不易之則而見其不測與有秩序焉汎神論之所謂神較之一神論之所謂神固覺其確實而可信亦正因其確實可信，

而彌覺其大也故中國古籍於神之一字皆極其歎美。（易大傳曰：「神無方而易無體」又曰：「陰陽不測之謂神」言彌淪乎宇宙之間者惟有一神更不能偏指一物以當之也故曰：「鬼神之爲德其盛矣乎視之而不見聽之而不聞體物而不可遺」張橫渠說鬼神亦深得古人之旨）而如「至誠無息」等之所謂至誠亦皆所以狀世界之本體者也。

通宇宙之間既除一氣之外更無餘物則人亦自爲此氣之所成而爲宇宙之一體何以成爲人自宇宙言之謂之命自人言之謂之性（大戴禮記本命篇）宇宙間一切各有其不易之理固無從知自處之方苟眞明乎自處之方則於宇宙之理已無不貫矣故曰「盡其心者知其性也；知其性則知天矣」(孟子盡心。）又曰：「窮理盡性以至於命」（本命篇）我者宇宙之一體萬物亦宇宙之一體，一體則明乎處我之道者亦必明乎處物之道故曰「能盡其性則能盡人之性能盡人之性則能盡物之性能盡物之性則可以贊天地之化育可以贊天地之化育則可以與天地參」（中庸荀子天論「天有其時，地有其財人有其治夫是之謂能參。」亦此義所謂治乃盡性後之辦法也）此所謂天人合一至此則人與自然冥合無間而推論之能事極而力行之義蘊亦盡於此矣此爲哲學之第六步。

中國古代之道德倫理無一不本於法自然者以全宇宙皆一氣所成也故我與天地萬物可以爲一體。

（惠施之說見莊子天下篇「一體卽融合無間之謂與上文所用一體字異義上文所用一體乃孟子「子夏、子游、子張皆有聖人之一體」之「一體」也。）以全宇宙之動盪不已也故有自強不息之義夫合全宇宙而爲一動則雖謂其動卽其靜可也故動靜交相資以其變化不居而仍有其一定也故有變易不易易簡三義乃盡易之蘊。（周易正義八論引乾鑿度曰：「易一名而含三義所謂易也變易也不易也易簡一也。變易二也不易三也」案此易之大義也自然見象從差別中見其平等亦從平等中見其差別則所謂易也所謂易簡者謂極錯雜之見象統馭於極簡單之原理莫之爲而爲莫之致而至亘古如斯從不差忒也）以時時變動不居也故賤執一而貴中庸。（以幾何學之理譬之世界猶體至當不易之道爲點至當不差之道必有一點而亦僅有一點此卽中庸之所謂中庸也使世界靜止則此點恆常擇而執之非難事惟世界變易無一息之停故此點所在亦無一息而不變動擇而執之斯爲難矣孔子所以歎「中庸不可能」也）以萬物之動各有其軌道而不相亂也故各當其位爲

治之至。(易之道莫貴乎當位。禮運曰:「物大積焉而不蘊,並行而不繆,行而不失深而通茂而有間,連而不相及也,動而不相害也,此順之至也」即所謂各當其位也。大學之道極於平天下,平天下之義荀子榮辱篇說之曰:「農以力盡田,賈以察盡財,工以巧盡械器,士大夫以上至於公侯,莫不以仁厚知能盡官職,夫是之謂至平」亦不過各當其位而已。法家之明分盡職,義亦如此)以自古迄今一線相承也,故有正本慎始謹小慎微之義而「正其義不謀其利,明其道不計其功」言道德者最重動機焉,以世界本爲一體彼之於此,無一息不相干也,故成己可以成物,正人必先正己,而反求諸己則一心又爲一身之本焉。莊子天道篇曰:「萬物無足以撓其心者,故靜。虛靜恬淡,寂寞無爲者,天地之平,而道德之至,故帝王聖人休焉。休則虛,虛則實,實者倫矣。虛則靜,靜則動,動則得矣。」(宋儒治心之學古人有先發之者。)莊子天道篇曰:「夫虛靜恬淡,寂寞無爲者,天地之鑑也,萬物之鏡也。」荀子天論曰:「形具而神生,好惡喜怒哀樂臧焉,夫是之謂天官,心居中虛以治五官,夫是之謂天君」解蔽曰:(治之要在於知道。人何以知道?曰心。心何以知道?曰虛壹而靜」皆與宋儒所言無以異也)以天尊地卑各有定位,故有君貴臣賤重男輕女之義以孤陽不生獨陰不長,故雖重男抑女,而陰陽仍有平等之義焉以春夏秋冬周而復始,認一切現象皆爲循環,故有禍福倚伏持盈保泰之義。又有「天不變道亦不變」之說焉。抑且萬事萬物皆出陰陽二元,故有彼必有此,旣貴

仁，又貴義，既重禮亦重樂；一切承認異已者之並立，而不趨極端焉。此等要義，悉數難終。蓋國人今日之思想，溯其原無不與古代哲學相貫通者。哲學思想之初起雖由一二哲人；而其昌大則擴爲全社會之思想。（亦可云此種思想在此環境中最爲適宜故全社會人胥具之；而哲人則其研究之尤透澈者也）雖屢與異族接觸而其根柢曾未搖動甚矣國性之入人深也。

以上所述爲古代普通思想又有所謂數術家者則其思想頗近於唯物派案漢志諸子略之陰陽家出於羲和之官數術六家亦云出於明堂羲和史卜之職二者蓋同出一原而一陳其事一言其義也數術六家天文歷譜五行蓍龜雜占皆近迷信（天文歷譜本無所謂迷信然古人於此恆雜以占驗之術漢志謂「天文者序二十八宿步五星日月以紀吉凶之象」歷譜以「探知五星日月之會凶阨之患吉隆之喜」是也。天文家有圖書祕記十七篇蓋卽讖之所本也。）惟形法一家漢志述其學曰：「大擧九州之執以立城郭室舍。形人及六畜骨法之度數器物之形容以求其聲氣貴賤吉凶猶律有長短而各徵其聲非有鬼神數自然也。」其思想最於惟物派爲近（此等思想後世亦非無之特不盛耳如王仲任卽其一也細讀論衡自見中論潛夫論申鑒於相學皆不全然排斥亦以相法根據人之形體究有所依據也此亦據骨法之度數以求貴賤吉凶之理）形法家之所謂數者蓋物國各種迷信之術惟相法較爲通人所信荀子已有非相篇其後論衡

質自然必至之符形法家以爲萬物之變化皆可求諸此；而不認有官體所不能感覺之原因故曰「非有鬼神」（古人以萬有之原質爲氣而氣又分輕清重濁二者輕清者上爲天重濁者下爲地人則兼備此二氣，所謂「沖和氣者爲人」）也物亦然所謂「萬物負陰而抱陽沖氣以爲和」也人之死也輕清之氣歸於天，重濁之氣歸於地所謂「體魄則降和氣在上」所謂「骨肉歸復於土魂氣則無不之」所謂「骨肉斃於下陰爲野土其氣發揚於上爲昭明焄蒿悽愴」也此爲普通思想形法家之所持爲無鬼論）漢志則不以其說爲然故駁之曰：「形與氣相首尾亦有有其形而無其氣有其氣而無其形者。」漢志之所謂形蓋卽易大傳「精氣爲物」之物其所謂氣蓋卽形法家所謂「游魂爲變」之魂而亦卽形法家所謂「鬼神」漢志蓋亦如普通之見以萬物之原質（氣）時而有形可見時而無形可見（精氣變爲游魂游魂復爲精氣所謂「相首尾」也）故於形法家之說加以詰難也形法家之思想而實如此在諸學派中實最與今所謂科學者相近；而顧與天文歷譜五行蓍龜雜占等迷信之術同列一略其故何哉豈校讎者之無識與非也天文歷譜五行蓍龜雜占亦非必迷信之術非必迷信之術而其後卒入於迷信者蓋時勢爲之也何也夫「理事不違」欲明一理者不得不徧究萬事其說然矣然事物之紛紜卒非人所能盡究於是不得不卽已經研究之事姑定爲一理而執之以推其餘。（宇宙之廣大悠久實非人之所能知乃有欲卽其已知以推其未知者史記述鄒衍之

學謂其「先驗小物推而大之，至於無垠先序今以上，至於黃帝學者所共述。大並世盛衰因載其禨祥制度推而遠之，至天地未生窈冥不可考而原也先列中國名山大川通谷禽獸水土所殖物類所珍因而推之及海外人之所不能睹」所用者卽此術也。太玄爲揚雄最得意之作其書起冬迄大雪之末備詳一年之變遷亦以宇宙久大不可得而知以爲宇宙一期之變遷，必與一年之變遷相類乃欲據此以測彼耳邵子之元會運世亦此思想也）此蓋凡研究學術者所不能免其法亦不得爲誤其所以致誤者則以其所據之事有確有不確其所推得之理遂有正有不正耳數術六家蓋皆欲卽天然之見象以研究其理者其所根據之見象有全然不確者如蓍龜及雜占是也有所根據之現象而其研究所得則不確者如天文、曆譜、五行、形法諸家是也接於人之見象大概可分爲自然現象、社會現象二者欲求宇宙之眞理二者固不可遺其一中國學問，向來偏於社會見象而缺於自然見象；其有據自然現象以研究哲理者則古代之數術家其先河也後世之數術家其思想亦不外此。（學問不能前無所承，中國研究自然見象者惟有數術家故少數喜研究自然見象之人不期而入於此派。）

以上論中國古代之哲學竟以下請略論佛教之哲學。

哲學有其質亦有其緣以質言則世界各國無不從同以緣言，則各民族因處境之不同，其所從言之者，

遂不能無異前已言之。中國哲學與印度哲學之異同，其理亦不外此。

哲學之演進，有其一定之步驟焉其始也，必將宇宙全體分析爲若干事物，（渾淪之宇宙，爲人所不能認識。人能知二不能知一也故認識卽是分別）而於其間立一因果關係以此事爲彼事之原因此物爲彼物之原因。如基督教謂天主造物七日而成？中國古說謂天神申出萬物地祇提出萬物是也。（說文○佛教不言時間之長空間之際有問及者斥爲戲論見金七十論佛經推原事物但曰「無始以來」「法爾而有」而已。）稍進乃知恆人所謂有無者實爲隱顯而非有無卽人能認識與否而非外物眞有所謂有無乃知一切事物有則俱有無則俱無彼不因此此亦不出於萬有之原因祇可卽謂之萬有而已。（所謂一切攝一切也）此則汎神之論所由與也夫將宇宙分析而以此事爲彼事之原因此物爲彼物之原因其說實屬不確。迷信此等說者其所嚴恭寅畏不過如世俗之所謂鬼神如有物爲臨之在上質之在旁而已。惟尋常人然後信之少有思慮者卽唾棄不屑道已。至於汎神之論則其理確不可易？而宇宙自然之律其力之大莫與京，亦於是乎見之。此則明於哲學之士所以恆主隨順自然，利用自然，而不主與自然相抗也中國之哲學蓋循此途轍而演進。印度亦然其在古代，所謂優婆尼沙士者，旣以代表宇宙之梵爲最尊之神。（印度最古之經典曰吠陀婆羅門專司之。是爲婆羅摩奴之學其書曰阿蘭若迦譯言林中書以婆羅門之年老者恆居林中

也。卽林中書而精撰之，曰優婆尼沙士譯言奧義書奧義書以梵爲宇宙之本體亦卽爲我惟一而無差別。有差別者曰摩耶摩耶爲幻人能知我與梵一卽得智明其所以流轉生死者由爲無明所迷不知差別之爲幻也。此已啓佛教惟識之先路矣）佛教初與所尊崇者雖爲釋迦牟尼其人及其進爲大乘則所尊崇者實爲法而非佛。人能如法修行卽可成佛；（釋尊卽以法爲師而自悟者）見佛固無異見法見法亦無異見佛；佛之所以威力無邊者實以其法身而非以其報身（報身謂佛其人法身卽自然之寓言佛說一念飯依則諸佛菩薩同時護念使之去禍得福猶言人能爲善則自然律中必有善報絲毫不得差忒也其一心信佛有所觀見者是爲佛之應身應於人之念慮而有以今之學理言之可謂應於人之心理作用所顯現也是爲佛之三身其說與科學絕不相背）然則佛者法之寓言耳所謂法者卽宇宙定律之謂也然則大乘教之所謂佛卽宇宙定律也故佛教雖似一神教有神教而實則汎神論無神論也。隨順自然之理佛教中發揮尤切至佛教貴無爲而賤有爲所謂無爲卽隨順自然所謂有爲卽與自然相抗之謂也世間萬事一切無常是卽中國人所謂無一息不變之宇宙知其無常而隨順之是爲聖人強欲使之有常則凡夫矣。聖凡之分卽在於此然則佛非異人所謂佛土亦非異地能明乎宇宙定律而遵守之則娑婆世界卽是淨土；凡夫之身亦卽聖人耳。（此地獄之所以頓超也）此其隨順自然之義實與易老無二致也此卽

度哲學與中國同者也。

其與中國異者，則因其處境之不同。蓋人之知識雖曰藉智而得，而智之所指，必有其方所以定此向方者，則情感也。情之所向實因其處境而異。中國地居溫帶爲文明所自起之黃河流域在世界文明發原地中，又頗近於寒瘠其民非力作則無以自存故其所殫心者在如何合羣力作以維其生以求養生送死之無憾而已。印度則地處熱帶民生較裕其所殫心者不在保其身之生存而在免其心之煩惱簡言之：中國人所靳得者身之存（至多兼安樂言之）印度人所求免者心之苦也職是故中國人觀於宇宙而得其變印度人觀於宇宙而得其空

何謂中國人觀於宇宙而得其變，印度人觀於宇宙而得其空也？夫宇宙一渾淪之體耳自其全體而言之，可以謂之至實。若如恆人之見析宇宙爲若干事物；就人所能認識者則謂之有所不能認識者則謂之無；則其所謂有者亦可謂之至空。（如實則實，分析則空空者所謂眞空實者所謂妙有也）何則？苟爲實有應不待因緣而成然世間一切事物，無不待因緣成者事物所待之因緣亦無不待因緣成者則萬事萬物悉非實有可知。我者事物之一也。一切事物皆非實有，我安得獨有我且無有安得與我相對之物我物俱無更安有於苦樂此蓋印度人欲求免心之煩惱乃卽世間所謂苦者而一一窮究其所自來窮究至極遂發見此理

也。此說也以理言之，誠亦無以為難然理論祇是理論，終不能改變事實吾儕所謂我與物者，就當下之感覺言之，固明明可謂之有有我有物，斯有逆順，有逆順，斯有苦樂矣，此蓋人人之良知佛雖有師子吼之辯其如此良知何？為佛教者乃從真空而得妙有而斷之曰「萬法惟識」蓋恆人以物為實以法為空自哲學家言之，則物為空而法為實更進一步則法物兩空惟識是實何也夫恆人之所謂實者豈非目可見身可觸之物邪？其所謂空者豈非目不可見手不可捉之宇宙律邪？曰：然曰金石者，至堅之物也至堅者不渝之謂也豈不然曰：然自礦物學家地質學家言之，金石亦何嘗不變彼金石者固自有其所以成亦終不能免於毀其成也蓋循宇宙之定律而成及其既成則循宇宙之定律而住方其住時已循宇宙之定律而壞；既壞之後乃成恆人之所謂空蓋一與他物同，金石且然豈況生物然則恆人之所謂實者實則無一是實，所可稱為實者，則此一切事物循之而成循之而住循之而壞循之而息。此佛教中「我空法有」之說亦即普通哲學家之見也更進一步則離宇宙論而入於認識論矣夫世界萬事一切皆空惟法是實是則然矣。然所謂法者果實有之物邪？抑亦吾人之認識所造邪？今日見為赤者，明日必不能變而為黃一人以為甘者眾人必不至皆以為苦似所謂法者至可信也然有目疾者則視一切赤物皆黃有胃病者則嘗一切甘物皆苦又何以說之此則恆人所謂物之真相實非物之真相而為認

識所成，彰彰矣。人之論事，恆以同自證，以多自信。惡知其所謂同，所以多者，悉由人人所造業力相同；故其所見亦同邪？此唯識一宗所以謂萬物悉非實有，悉由人類業力所成，亦由人類業力持使不壞也。（世界真相，實非人之所知，人之所知祇是感官所得之相。此理今之哲學家人人能言之。然則吾曹所知，必有吾曹主觀之成分更無疑矣。設使人類感官增其一或闕其一，卽其所知當不復如是。動物有以臭辨別一切者，人不能也。然則彼所知之世界人不知也。人之腦筋特異於他動物。叔本華曰：「惟人能笑，亦惟人能哭。」然則人所知之世界他動物亦不知也。此特以大概言之。若一一細別，則吾之所知，人之所知者，我亦不知人人自謂所知與人相同，實則無一真同者也。然則一切皆心造無疑矣。佛說創造此等者爲第八識。八識能總持萬法而不變。壞法者人所由以認識世界康德所謂「先天範疇」也。七識以八識所造之境爲緣，恆審思量執爲實有；而所謂我所謂世界於是乎成矣。）此其說實與今之認識論相通。其所異者，則今之認識論但證明世界真相不可知，一切皆出人之認識而止；而佛教則於此義旣明之後又必有其斬向之的修持之法耳。此則以佛教究爲教而非徒學故也。

所謂世界苦邪樂邪？自樂觀者言之，則曰樂。以世界本善也。今之所以不善者，乃其未至於善，而非其終不能善。抑且以進化之理言之，世界終當止於至善也。（亞里士多德之說卽如此。此西人進化之說所由來

也）自悲觀者言之則世界之為世界不過如此今日固不可為善將來亦未必能善以其質本惡也然則欲求去苦得樂惟有消滅世界耳此佛教之終極所以在於涅槃也夫世界何自始邪？自恆人言之則曰盤古一身化為萬有曰上帝創造七日而成耳自不講認識論之哲學家言之則曰不可知耳自持唯識論者言則人有識之始，即世界成立之時世界者識之所造也世界既為識所造欲消滅世界惟有滅識耳故佛教假名識所由起曰「無明」而曰：「無明生行行生識識生名色名色生六入入生觸觸生受受生愛愛生取取生有有生生生生老病死苦」所謂「十二緣生」亦即所謂「苦集二諦」也斷此二諦時曰「滅諦」滅也者滅此識也滅識非自殺之謂自殺祇能殺其身不能斷其識也斷其識者所謂「轉識成智」也識所以可轉為智者，以佛教假名一切罪業之本為無明本來清淨之體曰「真如」「真如無明同體不離」；（佛家喻之以水與波在今日則有一更切而易明之譬生理病理是也病時生理異乎平時然非別有一身去病還健，亦非別易一身也）「無明可熏真如而為迷真如亦可還熏無明而成智也」佛之所謂寂滅者雖曰轉識成智非謂使識消滅然所謂世界既係依識而立識轉為智即是識滅識滅即世界消滅矣故佛教之究竟終不離於涅槃也。

夫如是則佛教與中國哲學之同異，可知已矣。佛家既謂一切迷誤，皆起於識則藉智以探求真理，自然

無有是處。佛家所謂智，不徒不能藉智以求且必斷識而後能得所謂「惟證相應」也夫如是則其修持之法必致漠視事物，而徒致力於一心；而其所謂致力於一心者又非求以此心駕馭事物，而在斷滅此心之識。此爲佛教進步必至之符。（一種學問，不能無所注重。有所注重即有所偏矣治理學者曷嘗謂當屛棄事物專談心性然物莫能兩大旣以心性爲重終必至於遺棄事物此勢所必至無可如何者也佛家六度萬行曷嘗偏於寂滅旣以心識爲主終亦必偏於治內亦猶理學未嘗敎人以空疏而卒不免於空疏也）諸宗之所以皆衰禪宗之所以獨盛蓋由於此又中國人之所求爲處置事物處置事物至當不易之道惟有一點是爲儒家所謂中庸仁義皆善過卽爲惡（理學家所謂「無善惡祇有過不及中卽善過不及卽惡」也）佛敎旣以去苦爲的較之中國自不能不偏於仁其所謂「菩薩行」者卽純然一有人無我之境界（讀華嚴經，最可見。佛説四聖曰「佛」曰「菩薩」曰「緣覺」曰「聲聞」緣覺聲聞因怖畏生死而修道猶有我之見存故大乘斥其不足成佛菩薩則全與恆人相反恆人念念不離乎我菩薩念念有人無我矣基督所行方佛斯義猶有人我之見存與恆人處於對待之地位未爲盡善也佛則超乎對待之境之外矣佛敎以超出世界爲宗旨故必至佛而後爲究竟然佛無可學恆人所能學者止於菩薩行菩薩行所以勤成佛也）故可委身以飼餓虎；又可任人節節支解，不生嗔怒。由中國之道言之，則過於仁而適成爲不仁矣。

佛教修持之宗旨可攝以一語曰「悲智雙修。」所謂悲者本於佛教之悲觀其視世界，罪惡無可改良之理欲求善美惟有舉此世界而消滅之耳故其視世界之內無一人一物而不可悲可憫也所謂智者則爲救此世界之法所自出必深觀此世界之究竟乃能知其致苦之由乃知所以救之之道救之之道旣得則一切善巧方便皆自此出焉其修持之法亦可攝以一語曰「止觀雙修」止非寂然不動之謂，而常在正念之謂（若以寂然不動爲正念則亦可所謂「正念者無念」也）所謂「十二時中常念於法不相舍離」也蓋天下之禍成於著而實起於微一千九百十四年歐洲之大戰，其禍可謂博矣推厥由來則曰由各民族有互相疾惡之心也由資本家皆思朘人以自肥也各民族何以有互相疾惡之心與其朘人自肥之念，無益也然此等原因極爲深遠推得一層又有一層在其後則將奈何？曰原因雖極繁複而其性質則極簡單一言蔽之曰:不正之念而已一人起不正之念則必傳遞激動第二人第二人又激動第三人。如水起微波漸擴漸大其極遂至於懷山襄陵浩浩滔天然分析之原不過一一微波之相激苟能使千萬微波同時靜止水患固可以立除卽能於千萬微波中靜止其一二其靜止之力亦必足以殺洶湧之勢猶其洶湧之勢足以破靜止之局也要之止波其本矣此止之義也觀則所以求智世界上事恒人但觀其

表面，故其論皆似是而非。佛則必須觀鑒到底，故世俗所謂大善，自佛觀之，悉成罪業。且如愛國、愛世界豈非世俗以爲大善者哉？然愛其國則必不愛異國，而兩國相爭伏尸流血之禍伏於此矣。貪戀執著之禍之所由起也。愛世界而不知其方使貪戀執著之情波及於人人而不可拔，亦爲世界造禍也。故恆人之所謂善，佛譬之「以少水沃冰山暫得融解還增其厚」。然則人固當常念於法而何者爲法非觀鑒極深亦何由知之哉？此止觀二者所以如車兩輪如鳥雙翼不可偏廢也。

佛教立說之法亦有與中國人異者曰「徹底」。中國人重實務。先聖先賢之說，大抵就事論事之言誠不敢謂先聖先賢不知究極之理，然其所傳之說則固以就事論事者爲多矣，佛家則不然，每立一說必審其所「安立」之處。曰「某說在某種標準之下言之若易一標準則不如是矣」曰「某法不過一種方便，若語其究竟則不如是矣」此等處中國多不之及，佛家則極爲謹嚴，故其說路路可通，面面無病，稱佛說者所由以圓字美之也，此實印度人言語之法與中國不同也。

以上所述中國古代之哲學乃理學家之所取材也。佛教之哲學則或爲其所反對，或爲其所攝取者也。明乎此，而理學可以進論矣。

篇三 理學源流派別

自宋以來以理學名家者甚多，一一講之，勢將不可勝講。諸家有自有發明者，亦有僅守前人成說者。今先略述其源流派別，以下乃就其確有特見者以次講之。

宋學先河當推安定、（胡瑗字翼之，泰州如皋人，世居安定，學者稱安定先生。）泰山、（孫復字明復，晉州陽平人，退居泰山，學者稱泰山先生。）徂徠（石介字守道，奉符人，居徂徠山下，魯人稱為徂徠先生。）三先生。東發謂「本朝理學雖至伊洛而精實自三先生始」是也。安定於教育最有功，其在湖學分經義治事為兩齋，為宋人之學純於儒之始。亦宋儒喜言經世之學之始。泰山作春秋尊王發微，為宋學重綱紀嚴名分之始。徂徠作怪說中國論以譏斥佛老時文，則宋學排二氏黜華采之始也。三先生者，雖未及心性之精微，然其為宋學之先河，則卓然不可誣矣。

三先生同時名儒甚多，其兼為名臣者：則有若范文正，（范仲淹字希文，蘇州吳縣人。）文正之學原出戚同文，同文字同文，楚丘人，文正四子長純祐字天成，次純仁字堯夫，次純禮字彝叟，次純粹字德孺。堯夫學最著。安定泰山徂徠皆客文正門，堯夫皆從之游，又從南城李覯，覯字泰伯，學者稱盱江先生。○橫渠少時喜言

兵，嘗欲結客取洮西謁文正文正曰:「名教中自有樂地何事於兵?」授以中庸乃繙然志於道。故橫渠之學，實文正啓之也。）韓忠獻、（韓琦字稚圭安陽人）歐陽文忠、（歐陽修字永叔吉州廬陵人）富文忠、（富弼字彥國河南人）司馬文正（司馬光字君實陝州夏縣人）而司馬氏最著傳其學者劉忠定、（劉安世字器之大名人忠定嘗問涑水「有一言而可終身行之者乎」曰「其誠乎」問其目曰「自不妄語始」學之七年而後成）范正獻、（范祖禹字淳夫一字夢得華陽人文正子康字公休又從正獻）晁景迂也。（晁說之字以道澶州人傳涑水之數學）其窮而在下，或雖仕宦而不以勳業著者則有齊魯之士劉（士建中字希道鄆州人與泰山同時泰山最推重之徂徠亦服膺焉劉顏字子望彭城人）閩中之四先生（陳襄字述古學者稱古靈先生陳烈字季慈學者稱季甫先生鄭穆字閎中周希孟字公闢四先生皆侯官人少後於安定而在周程張邵之前講學海上有四先生之目宋人溯道學淵源不之及全謝山修宋元學案爲立古靈四先生學案）明州之楊、杜、（楊適字安道慈谿人杜淳居慈谿。永嘉之儒志、經行、（王開祖字景山學者稱儒志先生丁昌期學者稱經行先生皆永嘉人）杭之吳師仁，（字坦求錢塘人）皆與湖學桴鼓相應。而閩中之章、黃，（章望之字表民浦城人黃晞字景微建安人）亦古靈一輩人關中之申、侯（侯可字無可其先太原人徙華陰主華學二十年爲學極重禮樂申顏侯氏之友）開橫渠之先路蜀之宇文止

宋學之確然自成爲一種學問實由周程張邵。(邵雍字堯夫范陽人曾祖家衡漳先生幼從父遷河南。元祐賜諡康節)康節之學偏於數理學家不認爲正宗橫渠之學純矣然小程謂其「苦心極力之象多寬裕溫和之氣少」後人尊之亦遂不如濂溪之甚(張載字子厚鳳翔郿縣橫渠鎮人)濂溪作太極圖說及通書實爲宋儒言哲學之首出者。(周敦頤字茂叔道州營道人知南康軍家廬山蓮花峯下有溪合於湓江取營道故居濂溪名之)二程少嘗受業於濂溪長而所學實由自得然周子以主靜立人極明道及之以主敬伊川又益之以致知其學實一脈相承朱子又謂二程之學出自濂溪後人遂尊爲理學之正宗焉。(程顥字伯淳洛陽人學者稱明道先生弟頤字正叔初稱廣平先生後居伊陽更稱伊川先生)

與五子同時者有范蜀公、(范鎮字景仁華陽人祖禹其從孫也蜀公猶子百祿及從曾孫沖亦省理學家。)呂申公、呂公著字晦叔東萊人諡正獻)韓持國(韓維諡持國潁昌人)又有呂汲公(呂大防字微仲其先汲郡人祖葬藍田因家焉諡正愍。)王彥霖；(王巖炎字彥霖大名清平人)又有豐相之(豐稷，字相之鄞縣人)李君行；(李潛字君行虔州興國人)雖不足與於道統亦五子之後先疏附也。

術數之學在中國本不盛故傳邵子之學者頗少伯溫(伯溫字子文南渡後趙鼎從之學鼎字元鎮聞

喜入。）雖號傳家學實淺薄不足觀也張子爲豪傑之士其學又尚實行故門下多慷慨善言兵（種師道，字喜人。李復，字履中長安人喜言兵張舜民字芸叟邠州人亦慷慨喜言事）而三呂（呂大忠字晉伯大防兄大鈞，儀叔洛陽人爲北宋名將范育字巽之邠州三水人游師雄字景叔武功人皆與於平洮河之役爭元祐棄熙河。字和叔大臨字與叔皆大防弟）尤爲禮學大宗（三呂皆並游張程之門然於張較厚和叔知則行之無所疑畏論者方之季路嘗撰鄉約又好講井田兵制撰成圖籍皆可施行喪祭一本古禮推之冠昏飲酒相見慶弔，皆不混習俗橫渠謂「秦俗之變和叔有力焉」小程子嘗謂與叔守橫渠說甚固橫渠無說處皆相從有說處便不肯回可見三呂皆篤於張氏矣）二程之門最著稱者爲游，（游酢字定夫建州建陽人學者稱廌山先生）楊，（楊時字中立南劍將樂人）尹，（尹焞字彥明一字德充洛陽人學者稱和靖先生）謝，（謝良佐字顯道壽春上蔡人）游氏書不傳弟子亦不著謝氏之門最著者爲朱漢上（朱震字子發荊門軍人）然漢上易學實由自得不出師門也尹氏最後起守師說亦最醇（謝氏以覺言仁實啓象山之學游、楊二家晚亦好佛。）其傳亦不廣惟龜山最老壽遂爲洛學大宗。

龜山之學傳之羅豫章。（羅從彥字仲素南劍人學者稱豫章先生）延平，（李侗字愿中南劍人）韋齋，（朱松字喬年婺源人朱子之父爲尤溪縣尉因家焉學者稱韋齋先生）皆師豫章。而胡文定（胡安國

字康侯,崇安人。與游、楊、謝三先生義兼師友其子五峯(宏字仁仲其兄寧字和仲學者稱茅堂先生茅堂治春秋文定作春秋傳修纂檢討皆出其手)致堂,(寅字明仲實文定兄子其母不欲舉文定夫人子之)皆學於豫章籍溪、(憲字原仲文定從父兄子居籍溪學者稱籍溪先生)邦衡,(胡銓字邦衡,廬陵人從鄉先生蕭子荆學春秋卒業於文定)則學於文定朱子初師屏山(劉子翬字彥沖崇安人翰子子羽弟也)籍溪白水,(劉勉之字致中崇安人以女妻朱子〇白水師元城及龜山)而卒業於延平(朱熹字元晦一字仲晦初居崇安五夫築書院於武夷之五曲榜曰紫陽識鄉關也後築室建陽蘆峯之巔曰雲谷其草堂曰晦庵自號雲谷老人亦曰晦庵日晦翁晚更居考亭築精舍曰滄洲號滄洲病叟趙汝愚竄永州將謀門人諫。籙之遇遜之同人乃取稿焚之自號曰遜翁。南軒(張栻字敬夫,一字樂齋,號南軒廣漢人遷於衡陽淡子之學出於五峯呂成公亦嘗師籍溪又事汪玉山。(呂祖謙字伯恭公著後也祖好問始居婺州北宋理學呂氏最盛韓氏次之,詳見宋元學案○汪應辰字聖錫,信州玉山人)玉山者橫浦(張九成字子韶錢塘人自號橫浦居士又號無垢居士)弟子橫浦亦龜山弟子,故南渡後三先生之學實皆出於龜山者也
乾淳三先生呂張皆早世惟朱子年最高講學亦最久故其流傳最遠南軒之學盛於湖湘流衍於蜀閩數傳而漸微呂氏同氣子約、(成公弟名祖儉學於成公謚忠)泰然,(成公從弟名祖泰居宜興趙汝愚之

罷,子約論救安置韶州。後移筠州,卒。泰然詣登聞鼓院上書,請誅佗冑配欽州,卒。皆以忠節著浙學好言文獻,皆可謂呂氏之遺風然如永嘉、永康,偏於功利殊失呂氏之旨。(永嘉之學始於薛季宣季宣字士龍,永嘉人,師事袁道潔,道潔師事二程季宣加以典章制度欲見之事功,陳傅良、葉適繼之,而其學始大傅良字君舉,瑞安人,適字正則,永嘉人,永康之眉目爲陳亮字同甫,永康人,學者稱瑞安先生)王伯厚(王應麟字伯厚,慶元鄞縣人,學者稱厚齋先生)長於經制,全謝山以爲呂學大宗實則其學問宗旨亦與朱氏爲近也。

朱門之著者:有蔡西山父子(蔡元定字季通,建之建陽人,居西山子沈字仲默)其律曆象數之學足補師門之闕。勉齋(黃榦字直卿,閩縣人)以愛壻爲上座,實能總持朱子之學,勉齋歿而後異說與猶孔門七十子喪而大義乖矣。勉齋之學一傳而爲金華(何基字子恭,金華人,居金華山,學者稱金華先生)再傳而爲魯齋、(王柏字會之,金華人)白雲、(許謙字益之,金華人,學者稱白雲先生)仁山(金履祥字吉父,蘭溪人,居仁山下,學者稱仁山先生)雙峯、(饒魯字伯輿一字仲元,餘干人,築石洞書院,前有兩峯因號雙峯)皆卓有聲光。輔漢卿(黃榦之、黃幹、輔廣字漢卿,號潛庵,崇德人)學於朱子,兼受學於成公,其傳爲魏鶴山;(魏了翁字華父,邛州蒲江人,築室白鶴山下,學者稱鶴山先生)詹元善(詹體仁字元善,浦城人)亦學於朱子,其傳爲眞西山;(眞德秀字景元,後更曰希元,建之浦城人)皆宋末名儒詹氏再傳輔氏四傳而得黃東發,

（黃震，字東發，慈溪人。學者稱於越先生。東發學於余端臣及王樵壁。學於詹元善。端臣學於韓性，性字明善，

私諡曰莊節先生。性之學出自其父翼甫，翼甫字灼齋，會稽人，輔漢卿之弟子也）則體大思精，又非其師所

能逮矣。此朱學之在南者也。其衍於北者始於趙江漢。（趙復字仁甫，德安人，學者稱江漢先生）元屠德安，姚

樞在軍前以歸，教授於燕北，方始知有程朱之學）姚樞、（字公茂，柳城人，後徙洛陽。○樞從子燧，字端甫，學

於許衡）許衡（字仲平，河內人，學者稱魯齋先生）郝經（字伯常，澤州陵川人）劉因（字夢吉，雄州容城

人，學者稱靜修先生）皆出其門。朱學自宋理宗時得朝廷表章，元延祐科舉又用其法，遂如日中天矣。

洛學明道、伊川性質本有區別，學於其門者亦因性之所近所得各有不同，故龜山之後為朱，而上蔡信

伯，遂啟象山之緒（朱子謂上蔡「說仁說覺分明是禪」。又謂「今人說道愛從高妙處說自上蔡已如此」

又云：「上蔡之說一轉而為張子韶，子韶一轉而為陸子靜」案上蔡近乎剛，龜山近乎柔，朱子謂「上蔡之言

多踔厲風發；龜山之言多優柔平緩」是也。王蘋字信伯，世居福之福清，父徙吳師伊川，龜山最稱許之。全謝

山曰：「象山之學本無所承，東發以為遙出上蔡，予以為兼出信伯」。案信伯嘗奏高宗「堯舜禹湯文武之

道若合符節。非傳聖人之道，傳其心也；非傳聖人之心也，己之心無異聖人之心，萬善皆備欲傳堯、

舜以來之道，擴充此心焉耳」可見其學之一斑。）金溪之學梭山啓之，復齋昌之，象山成之，與朱學雙峯並

峙。（象山兄弟六人：長九思，字子彊。次九敍，字子儀。次九皋，字子昭，號庸齋。次九韶，字子美。講學梭山，號梭山居士。次九齡，字子壽。學者稱復齋先生。次九淵，字子靜，號存齋。結廬象山，學者稱象山先生。）傳陸學者為明州四先生。（舒沈字元質。一字元賓。奉化人。沈煥字叔晦。定海人。袁燮字和叔。鄞縣人。楊簡字敬仲慈谿人。築室德潤湖上更其名曰慈湖。）袁楊仕宦高其名較顯。袁言有矩矱。楊則頗入於禪。攻象山者每以為口實焉。朱子門下闢陸氏最力者為陳安卿。（陳淳字安卿。龍溪人。）至草廬而和會朱陸。（吳澄，字幼清。學者稱草廬先生。撫州崇仁人。）○繼草廬而和會朱陸者又有鄭師山、玉字子美。徽州歙縣人。嘗搆師山書院以處學者，故稱師山先生。論者謂師山先生安仁人。弟巾字仲能。學者稱晦靜先生中字季庸。學者稱存齋先生。）傳之從子東淵（湯漢字伯紀）及徑阪。（徐霖，字景說。衢之西安人也。疊山名枋得字君直弋陽人。）徑阪之後陸學寖衰靜明。（陳苑字立大。江西上饒人。學者稱靜明先生）寶峯（趙偕字子永宋宗室與黌後慈谿人隱大寶山麓學者稱寶峯先生）得其遺書而再振之元代科舉用朱學幾於一統。至明王陽明出乃表章陸氏焉。

元代理學不過衍紫陽之緒餘，明人則多能自樹立者，而陽明其尤也。明初學者篤守宋儒矩矱。方正學、

（方孝孺，字希直台之寧海人自名其讀書之堂曰正學正學大節凜然論者謂其「持守之嚴剛大之氣與紫陽相伯仲」焉）。曹月川、（曹端字正夫號月川河南澠池人劉蕺山云方正學後斯道之絕而復續實賴曹月川卽薛敬軒亦聞其風而興起者）吳康齋、（吳與弼字子傅號康齋撫州崇仁人刻苦奮厲辭官躬耕。或譏其所學未見精微然其克己安貧操持不懈凜乎其不可犯要不易及也）薛敬軒（薛瑄字德溫號敬軒山西河津人其學兢兢於言行間檢點恂慄無華可謂恪守宋人矩矱然有未見性之譏）皆其卓卓者河東之學傳諸涇野（呂柟字仲木號涇野陝之高陵人涇野講學所至甚廣講席幾與陽明中分一時篤行之士多出其門）三原（王恕字宗貫號介菴晚又號石渠陝之三原人）仍重禮樂篤躬行存關學之面目與師門少異其趣康齋之學傳諸白沙主張「靜中養出端倪」則於師門大變手眼矣。（陳獻章字公甫號石齋新會白沙里人謚文恭○康齋弟子又有胡居仁字叔心饒州餘干人學者稱敬齋先生婁諒字元貞號一齋廣信上饒人一齋以收放心為居敬之門以何思何慮勿忘勿助為居敬要指敬齋關之謂其陷入異教。論者謂「有明之學至白沙而後精至陽明而後大」白沙實陽明之前驅也。
　　有明之學，自當以陽明（王守仁，字伯安餘姚人）為大宗。理學名家，非衍陽明之緒餘，卽與陽明相出入者也。陽明之學蓋承朱學之敝而起其學實近法象山遠承明道特較象山明道尤精且大耳傳陽明之學

者,當分浙中、江右泰州三大派:浙中之學以龍溪、緒山爲眉目(浙中王門,實以徐曰仁爲稱首。曰仁名愛,號橫山,餘姚人,陽明之內兄弟也受業最早及門有未信者曰仁輒爲之騎郵門人益親陽明稱爲吾之顏淵早卒龍溪緒山講學最久,遂爲王門之翹楚龍溪王氏名畿字汝中山陰人緒山錢氏名德洪字洪甫餘姚人)江右則東廓(鄒守益字謙之,江西安福人)念菴(羅洪先字達夫江西吉水人)兩峯(劉文敏字宜充,安福人)雙江(聶敬字文蔚江西永豐人)及再傳塘南(王時槐字子植安福人師兩峯)思默(萬廷言字以忠江西南昌人師念菴)皆有發明。泰州多豪桀之士其流弊亦最甚末年得劉蕺山(劉宗周字起東號念臺山陰人。)提唱愼獨又王學之一轉手也與王學同時角立者有止修甘泉二家(李材字孟誠號見羅江西豐城人以止修二字爲學鵠湛若水字元照號甘泉,廣東增城人師白沙)其繼起而矯正其末流之弊者則東林中之高、顧也。(高攀龍字存之,別號景逸顧憲成字叔時號涇陽皆常州無錫人涇陽明,而深闢無善無惡之論)

明末大儒梨洲(黃宗羲字大沖餘姚人)。夏峯(孫奇逢字啓泰號鍾元,北直容城人)二曲,(李中孚,蓥厔人家在二曲間學者稱二曲先生)皆承王學;而亭林(顧炎武初名絳字寧人崑山人)船山、(王夫之字而農號薑齋衡陽人)蒿菴(張爾岐字稷若濟陽人。)楊園(張履祥字考夫號念芝居桐鄉之楊

園,學者稱楊園先生。楊園嘗師蕺山,然學宗程朱。)桴亭(陸世儀,字道威,太倉人,)則皆宗朱,其後清獻起於南(陸隴其字稼書平湖人關陸王最力)清恪起於北(張伯行字孝先,號敬菴,儀封人,)而學風乃漸變。湯文正(湯斌字孔伯號荆峴,晚號潛菴,睢州人,)嘗師夏峯,後亦折入程朱,但不關陸王耳。清代名臣負理學重名者頗多皆宗朱,然實多曲學阿世之流,心學承晚明之猖狂彌以不振蓋至是而宋明之哲學垂垂盡矣。

篇四 濂溪之學

一種新哲學之創建必有一種新宇宙觀新人生觀,前已言之。宋代哲學實至慶曆之世,而始入精微,其時創立一種新宇宙觀及人生觀者則有若張子之正蒙,司馬氏之潛虛,邵康節之觀物,司馬氏之書不過揚子太玄之倫邵子之說頗有發前人所未發者,然術數之學我國本不甚行,故其傳亦不盛張子之說醇矣然不如周子之渾融故二程於周子服膺較深朱子集北宋諸家之成亦最宗周,程焉,而周子遂稱宋學之開山矣。

周子之哲學具於太極圖說及通書太極圖說或議其出於道家,不如通書之純,此自昔人存一儒釋道

之界限,有以致之。其實哲學雖有末流之異語其根本,則古今中外殆無不同;更無論儒道之同出中國者矣。

通書與太極圖說相貫通。太極圖說者周子之人生觀太極圖說則其宇宙觀也人生觀由宇宙觀而立。廢太極圖說通書亦無根柢矣。朱子辨太極圖說必為濂溪所作,而非受諸人,(潘與嗣作周子墓志以圖為周子自作,陸象山以為不足據)其說誠不可信然謂「傳者誤以此圖為通書之卒章而讀通書者遂不知有所總攝」則篤論也。

太極圖之出於道家殆不可諱然周子用之,自別一意,非道家之意也。(見下。)所謂太極圖者,如左:

無極而太極

陰靜
陽動

火 水
土
木 金

坤道成女
乾道成男

萬物化生

上一圈為太極太極不能追原其始故曰「無極而太極」次圈之黑白相間者為陰靜陽動。(黑為陰靜白為陽動。陰居右陽居左焉。)陰變為陽,陽變為陰,故左白右黑之外間以左黑右白一圈,其外則復為左白右黑焉。(次圖之中一白圈,即太極。)其下為水火木金土五小圈。水金居左,火木居右者水金陽而火木陰也。土居中沖氣也。水、火、木、金、土,上

屬於第二圈,明五行生於陰陽也。下屬於第四圈,明人物生於五行也水火木金土各為一小圈,所謂「五行各一其性」也,其序自水之木自木之火自火之土自土之金沿洪範五行首水及古人以五行配四時之說所謂「五氣順布而四時行」也。下一圈為「乾道成男坤道成女」明萬物所由生也,又下一圈曰「萬物化生」人亦萬物之一實不可分作兩圈周子蓋沿道家舊圖未之改也。(周子之意,或以「乾道成男坤道成女」為紬象之言不指人。)

周子之說此圖也曰:「無極而太極,太極動而生陽,動極而靜,靜而生陰;靜極復動,一動一靜,互為其根。分陰分陽兩儀立焉陽變陰合而生水火木金土五氣順布四時行焉五行一陰陽也,陰陽一太極也,太極本無極也,五行之生也各一其性無極之眞二五之精妙合而凝乾道成男坤道成女二氣交感化生萬物萬物生生而變化無窮焉」案此周子根據古說以說明宇宙者也,古有陰陽五行之說已見前二說在後來久合為一而推原其始則似係兩說,以一為二元論一為多元論也其所以卒合為一者則以哲學所求實為惟一,多元二元之說必進於一元而後安五行之說分物質為五類乃就認識所及言之,其後研究漸精知人所能認識之物質與其不能認識,或其所以或能認識或不能認識者則以物質有聚散疏密之不同自人觀之遂有隱顯微著之各異耳至此則認識所及之水火木金土與認識所不及之至微之氣

可以并爲一談。而五行之多元論進爲一元矣陰陽之說蓋因「男女構精萬物化生」悟入其始蓋誠以陰陽爲二體研究漸精乃知所謂陰陽者特人所見現象之異其本體初不能謂爲不同於是陰陽二者可謂同體而異用乃爲之假立一名曰太極而陰陽二元之論亦進爲一元矣二說既同進爲一說乃以太極爲世界之本體世界之現象爲人所認識者實爲變動則以陰陽之變化說之而二者仍爲同體而異用;此所以說世界流轉之原理若以物質言則一切物之原質皆爲氣水火木金土皆此氣之所爲萬物之錯綜則又五行之所淆而播也氣之所以分爲五行之所以淆而爲萬物則以不可知之太極無始以來卽有此一靜一動之變化也此乃自古相傳之說;周子亦不過融會舊文出以簡括之辭耳非有所特創也。

中國無純粹之哲學,凡講哲學者其意皆欲措之人事者也。周子亦然。故於說明宇宙之後卽繼之以人事。曰:「惟人也得其秀而最靈」此言人之所以爲人也。又曰:「形旣生矣神發知矣五性感動而善惡分萬事出矣聖人定之以仁義中、正而主靜立人極焉」此爲周子之人生觀凡一元論之哲學必將精神物質幷爲一談(一物而兩面)此等思想中國古代亦已有之。其分人性爲仁、義、禮、智、信五端以配木、金、火、水、土五行是也。周子亦沿其說思想淺薄之時恆以爲善惡二者其質本異迨其稍進乃知所謂善惡者其質實無不同,特其所施有當有不當耳。至此則二元論進爲一元矣。周子之說亦如是。周子旣沿舊說以五性配五行又摶

括之爲仁義兩端以配陰陽仁義二者皆不可謂惡也更進一步言之陰陽同體而異用仁義亦一物而二名。（視其所施而名之。）懲陰伏陽特其用之有當有不當而其本體（太極）初無所謂惡此世界之本體所以至善亦人性之所以本善也然則所謂善惡者卽行爲當不當之謂而已（不論其所施而但論其行爲則無所謂善惡。）世界之現象自認識言之，無所謂靜，祇見其動耳然自理論言之，固可假設一與動相對之境名之曰靜本體旣無所謂惡所謂惡者旣皆出於用則固可謂靜爲善動爲惡然則人而求善亦惟求靜境而處之而已矣。（恢復本體）然認識所及惟是變動所謂靜境不可得也乃進一步而爲之說曰世界本體不可見可見者惟現象本體卽在現象之中然則靜境亦不可得靜卽在乎動之中人之所求亦曰動而不失其靜而已矣。（雖墮落現象界而仍不離乎本體）動而不失其靜者用而不離乎體之謂也用而不失其體者不失其天然之則之謂也以幾何學譬之所謂眞是惟有一點此一點卽人所當守之天則卽至當之動而周子之所謂中正也然此一點非有體可得仍在紛紜蕃變之中蓋人之所爲非以爲人卽以爲我人仁也爲我義也欲求於仁義之外別有一旣不爲人又不爲我之行爲卒不可得然則欲求中正惟有卽仁義之施無不當者求之而欲求仁義之外亦必毋忘中正而後可否則不當仁而仁卽爲不仁；不當義而義卽爲不義矣故仁義同實而

異名,猶之陰陽同體而異用。陰陽之體,所謂太極者,惟有假名,更無實體也,然則所謂善者即仁義之施無不當者也,施無不當則雖動而不離其宗,雖動而未動,固可以謂之靜,此則周子之所謂靜也,此爲道德之極致,故命之曰「人極」能循此,則全與天然之則合所謂「聖人與天地合其德,與日月合其明,與四時合其序,與鬼神合其吉凶」也,能循此者,必獲自然之福;而不然者,則必遇自然之禍,所謂「君子修之吉,小人悖之凶」也,此以行爲言也,若以知識言,則現象之紛紜舊變,不外乎陰陽五行,陰陽五行又不離乎太極,能明此理,則於一切現象無不通貫矣,所謂「原始要終,故知死生之說」也,周子蓋由易悟人,亦自以祖述易說,故於篇末贊之曰:「大哉易也,斯其至矣」也。

《太極圖說》雖寥寥數百言,然於世界之由來及人所以自處之道無不備,其說可謂簡而該,宜朱子以爲「根極領要,天理之微,人倫之著,事物之衆,鬼神之幽,莫不洞然畢貫於一」也。

太極圖說,推本天道以言人事,通書則專言人事,然其理仍相通,故朱子以爲廢太極圖說,則通書無所總攝也,太極圖說所言自然界之理,通書名之曰「誠」。誠者真實無妄之謂,自然界之事未有不真實者也。

故曰:「大哉乾元萬物資始誠之原也乾道變化各正性命誠斯立焉」。自然界之現象見其如此,即係如此,更無不如此者之可言,是爲誠,自然界之現象人所認識者爲變動不居,從古以來未嘗見其不動,則動卽自

然界之本相也然則誠與「動」一物也故曰：「至誠則動動則變變則化」聖人當與天地合其德通書以誠稱自然界故亦以誠為聖人之德曰：「聖誠而已矣」人之所知止於現象然自理論言之固可假說一實體界以與動相對惡既皆屬現象固可謂由動而生則動最當慎此由靜至動之境（即自實體界入現象界）體界，與動相對惡既皆屬現象固可謂由動而生則動最當慎此由靜至動之境（即自實體界入現象界）

周子名之曰「幾」所謂「動而未形有無之閒」也本體無善惡可言動則有善惡矣故曰：「誠無為幾善惡。」又曰：「吉凶悔吝生乎動吉一而已可不慎乎」也。

動之循乎當然之道者為善不循乎當然之道者為惡循乎當然之道者動而不失其則者也所謂誠也不循乎當然之道者動而背乎真實之理者也所謂「妄」也（如人四體之動順乎生理者為誠逆乎生理者為妄）人之動作貴合乎天然之理故當祛其妄而復其誠故曰「誠復其本善之動而已矣不善之動妄也妄復則無妄矣無妄則誠矣」

本善之動為道道之名自人所當循之路言之也自其畜於身見於事為者言之，則曰德德也道也二名一實，特所從言之者異耳德之目周子亦如古說分為仁義禮智信而又以仁義二端總括之禮者所以行之而備其條理智者所以知之信者所以守之而所行所知所守則仍不外乎仁義故曰「聖人之道仁義中正而已矣。」其說全與《太極圖說》合。

篇四　濂溪之學

四十一

人性之有仁義猶天道之有陰陽地道之有剛柔其本體皆不可謂之惡也故世界本無所謂善惡協乎兩者之中而已矣亦無所謂惡偏乎兩者中之一而已矣。故曰：「性者，剛、柔、善、惡中而已矣。（見諸事乃可云仁義此但就性言故曰剛柔）剛善為義為直為斷為嚴毅為幹固惡為猛為隘為彊梁柔善為慈為順為巽惡為懦弱為無斷為邪佞」義也直也斷也嚴毅也幹固也非實有其體也剛之發而得其當焉者也猛也隘也彊梁也亦非實有其體也柔之善惡視此然則天下信無所謂善惡惟有中不中而已。故曰：「惟中也者和也中節也天下之達道也聖人之事也故聖人立教俾人自易其惡自至其中而止矣。」

然則人何以自易其惡而止於中哉？逐事檢點，固已不勝其勞。抑且未知何者謂之中，自亦無從知何者謂之偏。苟能知何者謂之中，則但謹守此中焉足矣。夫人之本體本能止於中者也，所以失其中者以其有不當之動也。不當之動始萌於欲，而終著於事為者也。人能無欲則自無不當之動矣。無欲所謂靜也所謂一也。無欲則動無不當矣動無不當則不離乎當然之境而謂之靜非謂寂然不動若槁木死灰也。（通書曰：「動而無靜靜而無動物也動而無靜靜而無動神也動而無動靜而無靜非不動不靜也」此之謂也）故曰「聖可學乎曰：可。有要乎曰：有。請問焉曰：一為要一者，無欲之謂也。無欲則靜虛動直，靜虛則明，明則通。動直則公，

公則溥明通公溥庶矣乎」夫人之所求動直而已;而動直之本,在於靜虛,此太極圖說所以謂「聖人以主靜立人極」也,故「主靜」實周子之學脈也。

中者當然之則而已矣,當然之則,非人人所能知之也,必先求知之,然後能守之,求而知之者,智識問題。既知之又求行之,則行為問題也,周子為理學開山,但發明其理,於修為之方尚未及詳,故注重於思,通書曰:「無思而無不通為聖人,不思則不能通微,不睿則不能無不通,是則無不通生於通微,通微生於思,是故思者,聖功之本而吉凶之幾」是也,程朱格物窮理之說蓋本諸此。

以上所言皆淑身之術也,然一種新哲學之人生觀固不當止於淑身,而必兼能淑世,故曰:「志伊尹之所志,學顏子之所學。」噫!周子之言,內外本末亦可以謂之兼備矣哉!

周子之說雖自成為一種哲學,然其源之出於道家則似無可諱,黃晦木太極圖辯曰:「周子太極圖,創自河上公乃方士修煉之術也,河上公本圖名無極圖,魏伯陽得之以著參同契,鍾離權得之以授呂洞賓,後與陳圖南同隱華山而以授陳,陳刻之華山石壁,陳又得先天圖於麻衣道者,(宋時有所謂正易心法者,託之麻衣道者,謂為希夷之學所自出,實則南宋時戴師愈之所偽也,見朱子書麻衣心易後,再跋麻衣易說後。)皆以授种放,放以授穆修與僧壽涯,修以先天圖授李挺之,挺之以授邵天叟,天叟以授子堯夫,修以

篇四　濂溪之學

四十三

無極圖授周子周子又得先天地之偈於壽涯。(晁公武謂周子師事鶴林寺僧壽涯得其「有物先天地，無形本寂寥能爲萬象主不逐四時彫」之偈劉靜修記太極圖說後曰「或謂周子與胡宿邵古同事潤州一浮屠而傳其易書」所謂潤州浮屠卽壽涯也。)其圖自下而上以明逆則成丹之法其重在水火火性炎上，逆之使下則火不燥烈惟溫養而爍水水性潤下，逆之使上則水不卑溼惟滋養而光澤滋養之至接續而不已溫養之至堅固而不敗其最下圈名爲玄牝之門玄牝卽谷神牝者竅也指人身命門兩腎空隙之處氣之所由生是爲祖氣凡人五官百骸之運用知覺皆根於此於是提其祖氣上升爲稍上一圈名爲鍊精化氣鍊氣化神鍊有形之精化爲微芒之氣化爲出有入無之神使貫徹於五藏六府而爲中層之左木火右金水中土相聯絡之一圈名爲五氣朝元行之而得也則水火交媾而爲孕又其上中分黑白而相間雜之一圈名爲取坎填離乃成聖胎又使復還於無始而爲最上之一圈名爲鍊神還虛復歸無極。而功用至矣周子得此圖而顚倒其序更易其名附於大易以爲儒者之祕傳蓋方士之訣在逆而成丹故從下而上周子之意以順而生人故從上而下太虛無有無必本無乃更最上圈鍊神還虛復歸無極之名曰無極而太虛之中脈絡分辨指之爲理乃更其次圈取坎填離之名曰陽動陰靜氣生於理名爲氣質之性，乃更第三圈五氣朝元之名曰五行各一性理氣旣具而形質呈得其全者靈者爲人人有男女乃更第四

圈鍊精化氣鍊氣化神之名曰乾道成男坤道成女得其偏者蠢者為萬物乃更最下圈玄牝之名曰萬物化生」案參同契有水火匡廓及三五至精兩圖即周子太極圖之第二第三圈也。胡胐明易圖明辨曰:「唐眞

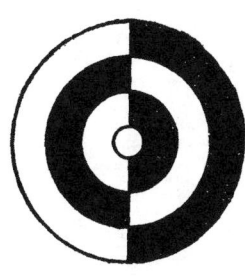

水火匡廓圖又名水火二用圖。坎離二卦運為一軸中一○為坎離之胎

三五至精圖。

土,火,木,水,金合而歸於一元。

一元,謂下一○也。

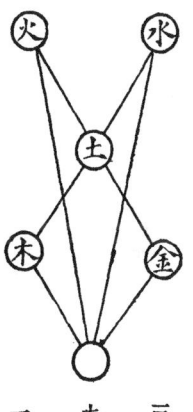

玄妙經品有太極先天圖,合三輪五行為一,而以三輪中一○,五行下一○為太極。又加以陰靜陽動,男女萬物之象凡四大○。陰靜在三輪之上,陽動在三輪之下。(三輪左離右坎,水火既濟之象。)二○上陰下陽,天地交泰之象。鼎器歌云:「陰在上陽下奔卽此義也。」男女萬物皆在五行之下。與宋紹興甲寅朱震在經筵所進周子太極圖正同。今性理大全所載以三輪之左為陽動右為陰靜而虛其上下二○以為大極,乃後人所改,非其舊也。」其說與晦木又有異同蓋在道家此圖亦非一本也。然太極圖之原出道家則無疑矣。然此不過借用其圖其用意則固大異也。

朱陸無極太極之辯亦爲理學家一重公案案此說似陸子誤也。通書與太極圖說實相貫通，已如前說。

而梭山謂「太極圖說與通書不類疑非周子所爲否則其學未成時作又或傳他人之文後人不辨」似於周子之學知之未審象山謂無極二字出老子知其雄章以引用二氏之言爲罪案此實宋儒習氣理之不同者，雖措語相同，而不害其爲異理之不易者凡古今中外皆不能不從同安得摭拾字面以爲非難乎（象山又謂「二程言論文字至多亦未嘗一及無極字」案即就字面論儒家用無極二字者亦不但周子黃百家曰「柳子厚曰無極之極。邵康節曰無極之前陰含陽也有極之後陽分陰也是周子之前已有無極之說」）若謂「繫辭言神無方矣豈可言無神言易無體矣豈可言無易？」則繫辭乃就宇宙自然之力無乎不在言之。周子之言則謂世界本體無從追原其所自始彼亦祇得云無從說起矣安得拘泥字面而疑周言「法爾而有」耳必責作繫辭傳者推原神與易所自始非謂別有一物也。又曰「無極二字乃周子令後之學者曉然見太極之妙不屬有無不落方體。一可謂能得周子之意矣。故無極而太極之辯實陸子誤會文義以辭害意也又陸子謂「一陰一陽即是形而上者」朱子則謂「一陰一陽屬於形器所以一陰一陽者乃道理之所爲」亦爲兩家一爭端案

此說兩家所見本同，而立言未明，遂生辯難。蓋陸子之意以爲人之所知止於現象，現象之外不得謂更有本體；其物爲之統馭。朱子之意謂現象之然雖不必有使之然者，然自理論言之有其所以然，卽可謂有其所以然。固不妨假立一名名之曰道。而以現象爲形器。陸子疑朱子謂本體實有其物立於現象之外遂生辯難。若知朱子所謂道者乃係就人之觀念虛立一名而非謂實有其物，則辯難可以無庸矣。陸子曰：「直以陰陽爲形器，而不得爲道尤不敢聞命。易之爲道一陰一陽而已。先後始終晦明，上下進退往來闔闢盈虛消長尊卑，貴賤表裏隱顯向背順逆存亡得喪出入行藏何適而非一陰一陽哉？奇耦相尋變化無窮故曰其爲道也屢遷。」朱子曰：「若以陰陽爲形而上者，則形而下者復是何物？熹則曰凡有形有象者皆器也，其所以爲是器之理則道也。如是，則來書所謂始終晦明奇耦之屬皆陰陽所爲之形器獨其所以爲是器之理乃爲道耳。」此則謂現象之所以然雖不可知然自理論言之不得不分爲兩層名其然曰器，名其所以然曰道也。此特立言之異其意固不甚懸殊也。（朱陸辯論之辭甚多除此節所舉兩端外皆無甚關係故今不之及。○朱子論道與形器之說須與其論理氣之說參看。○又案太極兩儀等皆抽象之名，由人之觀念而立。後人或誤謂實有其物遂生輕輗許白雲曰：「太極陰陽五行之生非如母之生子而母子各具其形也。太極生陰陽而太極卽具陰陽之中，陰陽生五行而太極陰陽又具五行之中，安能相離也何不卽五行一陰陽陰陽一太極之言

觀之乎」其言最爲明析昔之講哲學者不知有認識論此太極陰陽理氣等說所以轇轕不清也）

篇五 康節之學

北宋理學家周程張邵同時並生其中惟邵子之學偏於言數我國所謂數術者爲古代一種物質之學前已言之。邵子之恉亦不外此其觀物篇謂「天使我如是謂之命之在我謂之性性之在物謂之理」又謂「數起於質」「天下之數出於理」是也（人性卽精神現象物理卽物質現象邵子以爲二者是一「數起於質」者如謂筋肉發達至何種程度卽能舉何種重量筋力衰弛則舉重之力亦減是也何以筋肉發達卽能舉重衰弛卽不能此則所謂「數出於理」之理此理不可知所謂「天之象數可得而推其神用不可得而測」也。

邵子之學亦以易爲根據其所謂易者亦出於陳摶。（朱震經筵表謂陳摶以先天圖傳种放放傳穆脩脩傳李之才之才傳邵雍）蓋亦道家之學也其先天次序卦位圖如左

八卦次序圖，最下一層爲太極。其上爲兩儀又其上爲四象又其上爲八卦其序則乾一、兌二、離三、震四、巽五、坎六、艮七、坤八是也以圖之白處代易之一畫黑處代易之⚋畫是爲一分爲二二分爲四四分爲八如

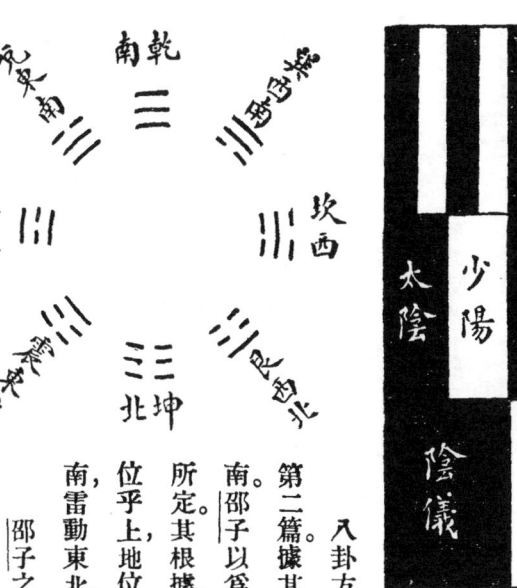

八卦方位見易「帝出乎震」一節與大乙行九宮之說合見第二篇據其說則離南坎北震東兌西乾西北坤西南艮東北巽東南。邵子以爲後天卦位爲文王所改而云此圖爲先天方位爲伏羲所定其根據爲易「天地定位」一節爲之說者謂此先天方位「天位乎上地位乎下日生於東月生於西山鎭西北澤注東南風起西南雷動東北自然與天地造化合」也。

邵子之學亦以陰陽二端解釋世界而名陰陽之原爲太極其經世衍易圖所謂「一動一靜之間」者也觀物內篇云「一動一

是推之八分爲十六十六分爲三十二三十二分爲六十四即成伏羲先天六十四卦橫圖以六十四卦規而圓之則成圓圖割而叠之則成方圖。圓圖以象天方圖以象地也

太柔	太剛	少剛	少柔	少陰	少陽	太陰	太陽

柔一	剛一	陰一	陽一
		動一	靜一

一動一靜之間

靜者，天地之至妙者歟？一動一靜之間者，天地人之至妙者歟？」即指太極言之也。邵子謂「天生於動，地生於靜」，「動之始則陽生焉，動之極則陰生焉；靜之始則柔生焉，靜之極則剛生焉。」陰陽之中，復有陰陽；剛柔之中，復分剛柔，故各分為太少。太陽為日，太陰為月，少陽為星，少陰為辰，此天之變也。日為暑，月為寒，星為晝，辰為夜，此天之體也。太柔為水，太剛為火，少柔為土，少剛為石，此地之化也。暑變物之性，寒變物之情，晝變物之形，夜變物之體，此動植之感天而變者也。雨化物之走，風化物之飛，露化物之草，雷化物之木，此動植之應地之化者也。推之一切莫不皆然。其圖如左：

邵子之說，皆由博觀物理而得。試問天何以取日月星辰為四象，地何以取水火土石為四體曰：「陽燧取於日而得火，火與日一體也。」「方諸取於月而得水，水與月一體也。」「星隕而為石，石與星一體也。」「日月

太陽	日	暑	性	目	元	皇
太陰	月	寒	情	耳	會	王
少陽	星	晝	形	鼻	運	帝
少陰	辰	夜	體	口	世	霸
少剛	石	雷	木	氣	歲	易
少柔	土	露	草	味	月	書
太剛	火	風	飛	色	日	詩
太柔	水	雨	走	聲	時	春秋

星之外高而蒼蒼者皆辰，水火石之外廣而厚者皆土辰與土一體也。」何以不用五行，而別取水火土石曰：

「木生於土，金出於石水火木金土者後天水火土石者先天後天由先天出一以體言一以用言也。」（邵

伯溫觀物內篇注案此實以五行之說為不安而改之耳不欲直斥古人以駭俗乃立先後天之名以調停之。

其八卦之說亦猶是也。故邵子之說，實可謂自有所得，非全憑藉古人者。）日爲暑月爲寒星辰爲晝其理易明。水爲雨火爲風土爲露石爲雷者？邵子曰：「其氣之所化也。」暑變物之性寒變物之情，晝變物之形，夜變物之體者？邵子以動者爲性靜者爲體謂「陽以陰爲體陰以陽爲唱」「陽能知而陰不能知」（人死則無知者性與體離也。）陽能見而陰不能見」能知能見者爲有故陽性有而陰性無「陽有所不徧而陰無所不徧陽有去而陰常居」（邵子之意，凡知覺所及皆陽出於知覺之外者皆陰）無不徧而常居者爲實故陰體實而陽體虛性公而明，情偏而暗公而明者屬陽（陽動故公能見故明。陰常居故偏，不能見故暗。）故變於暑偏而暗者屬陰故變形可見故變於寒形可見故體屬陰故變於夜也。（以上皆據觀物內外篇○邵子言哲理之作，爲觀物內外篇及漁樵問答漁樵問答理甚膚淺或云僞物蓋信）其餘一切皆可以是推之此等見解不足觀之誠不足信然在當日則其觀察可謂普徧於庶物，而不偏於社會現象者矣。中國數術之家所就雖不足觀然研究物質現象於舉世莫或措意之日，要不可謂非豪傑之士也。（邵子之學二程頗不以爲然。晁以道云：「伊川與邵子居同里巷三十餘年世間事無所不問惟未嘗一字及數。一日雷起邵子謂伊川曰：子知雷起處乎？伊川曰：某知之，堯夫不知也。邵子愕然曰何謂也曰：旣知之安用數推之以其不知故待推而知。」是邵子之數學，伊川頗不然之矣。明道云：「堯夫欲傳數學於某兄某兄弟那得工夫要學須是二

十年工夫。」雖不如伊川謂不待數推而知亦以數為非所急矣。朱子曰：「伊川之學於大體上瑩澈，於小小節目上猶有疏處。康節能盡得事物之變却於大體有未瑩處。」夫使如心學者流謂直證本體卽萬事皆了，則誠無事於小節目上推若如程朱之說，「人心之靈莫不有知天下之物莫不有理惟於理有未窮故其知有不盡」則一物之格未周，卽致知之功有歉卻子所用之法固不容輕議也。）

邵子本陰陽剛柔變化之見用數以推測萬物之數其法：以陽剛之體數為十陰柔之體數為十二。故太陽、少陽、大剛、少剛之數凡四十太陰、少陰、太柔、少柔之數凡四十八以四因之則陽剛之數凡一百九十二於一百六十中減陰柔之體數四十八得一百一十二為陽剛之用數於一百九十二中減陽剛之體數四十得一百五十二為陰柔之用數以一百五十二因一百一十二是為以陽用數唱陰用數日月星辰之變數；其數凡一萬七千有二十四，謂之動數。再以動數植數相因（卽以一萬七千二十四因一萬七千有二十四）謂之植數。再以動數植數相因（卽以一萬七千二十四因一百一十二是為以陰用數和陽用數是為水火土石之化數；其數亦一萬七千有二十四）謂之動植通數；是為萬物之數。（求萬物之數，不本之實驗而虛立一數以推之亦物質科學未明時不得已之法也。○易用九六經世用十二皆以四因之。〈易之數：陽用九以四因之得三十六，為乾一爻之策數陰用六以四因之得二十四為坤一爻之策數以六因三十六得二百一十六為乾一卦策

數以六因二百二十四得一百四十四，為坤一卦策數。「乾坤之策凡三百六十也」以三十二因二百一十六得六千九百一十二為三十二陽卦之策數以三十二因一百四十四得四千六百有八，為三十二陰卦之策數。二者相加得萬有一千五百二十，所謂「二篇之策萬有一千五百二十」也）

邵子之推萬物如此。至於人，則邵子以為萬物之靈。蔡西山嘗推邵子之意曰：「萬物感於天之變性者善，目情者善耳形者善鼻體者善口萬物應於地之化飛者善色走者善聲木者善氣草者善味。人則得天地之全暑寒晝夜無不變雨風露雷無不化性情形體無不感走飛草木無不應目善萬物之色耳善萬物之聲鼻善萬物之氣口善萬物之味。蓋天地萬物皆陰陽剛柔之分人則兼備乎陰陽剛柔故靈於萬物而能與天地參也」其言最為簡約明瞭觀物內篇曰「人之所以靈於萬物者謂其目能收萬物之色耳能收萬物之聲鼻能收萬物之氣口能收萬物之味人亦物也一物當兆物聖人亦人也一人當兆人是知人也者物之至者也聖也者人之至者也」又曰人之至者能以「一心觀萬心一身觀萬身一世觀萬世」如是則能「上識天時下盡地理中盡物情通照人事。」則能以「心代天意口代天言手代天工身代天事」蓋明乎宇宙之理，則措施無不當。（參看第一篇）宇宙之理，邵子之所謂物理也。（此物字所該甚廣能觀者我我所觀者一切皆物。）

邵子謂人為萬物之靈以其能通物理謂聖人為人之至，以其能盡通物理而無遺也。

元會運世歲月日時,乃邵子藉數以推測宇宙之變化者其見解與揚子太玄等同,特其所用之數異耳。

其法以日經天之元月經天之會星經天之運辰經天之世日之數一象一日也月之數十二象十二月也星之數三百六十象一年之日數也辰之數四千三百二十日十二時則三百六十日得四千三百二十時也。

一世三十年凡十二萬九千六百年是爲皇極經世一元之數注曰:「一元在大化之間猶一年也」更以日月星辰四者經日月星辰四者則其數如左:

以日經日　　　　　　　　元之元　　　　　　　一

以日經月　　　　　　　　元之會　　　　　　　一二

以日經星　　　　　　　　元之運　　　　　　　三六〇

以日經辰　　　　　　　　元之世　　　　　　　四三二〇

以月經日　　　　　　　　會之元　　　　　　　一二

以月經月　　　　　　　　會之會　　　　　　　一四四

以月經星　　　　　　　　會之運　　　　　　　四三二〇

以月經辰　　　　　　　　會之世　　　　　　　五一八四〇

篇五　康節之學

五五

以星經日　　　　運之元　　　　　　　　　　　三六〇

以星經月　　　　運之會　　　　　　　　　　　四三二〇

以星經星　　　　運之運　　　　　　　　　一二九六〇〇

以星經辰　　　　運之世　　　　　　　　　一五五五二〇〇

以辰經日　　　　世之元　　　　　　　　　　　四三二〇

以辰經月　　　　世之會　　　　　　　　　　　五一八四〇

以辰經星　　　　世之運　　　　　　　　　　一五五五二〇〇

以辰經辰　　　　世之世　　　　　　　　　　一八六六二四〇〇

至此而後數窮焉。注曰：「窮則變變則生生而不窮也。」皇極經世但著一元之數，使人引而伸之可至於終而復始也此等思想蓋以爲宇宙現象一切周而復始特其數悠久而非人之所能知乃欲藉其循環之近者以推測其遠者耳。（說詳第二篇。）朱子曰：「小者大之影只晝夜便可見，」即此思想也此等數術其可信與否渺不可知卽著此等書者亦未必以爲必可信特以大化悠久爲經驗所不及，不得不藉是以推測之耳。彼其信數可以推測宇宙者以其深信「數起於質」一語也此等數術家視宇宙之

間，無非物質，而物質運動各有定律，是為彼輩所謂「數」。物質運動，既必循乎定律而不能違，則洞明物理者固可以豫燭將來之變，此其所以深信發明真理在乎「觀物」也。然今之所謂科學者乃將宇宙現象分為若干部而研究之，研究愈精，分析愈細，謂其能知一部現象之原因結果，則可謂其能明乎全宇宙之現象，因以推測其將來。微論有所不能，并亦無人敢作此妄想也。然昔之治學問者，所求知者，實為全宇宙之將來。

夫欲知全宇宙之將來，非盡明乎全宇宙之現在不可。全宇宙之現在，因非人所能知。夫全宇宙之現在，在數術家所謂「質」也。全宇宙之將來，數術家所謂「數」也。明乎質固可以知數，今也無從知全宇宙之質，而欲據一部分之質以逆測其餘之質，以推得全宇宙之數，孰能保其必確？故彼輩雖據一種數以推測彼亦未必自信也。此所以數術之家各有其所據之數而不相襲也。（無從推測之事立一法以推測之而已。）

然則術數家之所謂術數，在彼亦並不自信，而世之迷信術數者，顧據昔人所造之數謂真足以推測事變焉，則惑矣。卲子曰：「天下之數出於理，違乎理則入於術，世人以數而入術，則失於理。」此所謂術謂私智穿鑿，強謂為可以逆測將來之術，所謂理則事物因果必至之符，惟入於術故失於理。卲子之說如此，此其所以究為一哲學家而非迷信者流也。

術數家所用之數，固係姑以此為推未必謂其果可用。假使其所用之數，果能推測宇宙之變化，遂能盡

洩宇宙之祕奧乎?仍不能也何也所用之數,而眞能推測宇宙之變化,亦不過盡知宇宙之質,而能盡知其未來之數耳宇宙間何以有是質質之數何以必如是?仍不可知也故曰「天之象數可得而推如其神用則不可得而測」此猶物理學家言某物之理如何可得而知也何以有是理不可得而知也又曰「道與一神之強名也以神爲神者至言也」此猶言宇宙之祕奧終不可知以不可知說宇宙乃最的當之論也。

此邵子之所以終爲一哲學家而非迷信者流也。

皇王帝霸易書詩春秋乃邵子應世運之變而謂治法當如是變易者。觀物內篇曰:「昊天之盡物,聖人之盡民皆有四府焉昊天之四府春夏秋冬之謂也陰陽升降於其間矣聖人之四府易書詩春秋之謂也禮樂隆汚於其間矣」是也。

邵子求知眞理之法由於觀物其觀物之法果何如乎?曰:邵子之觀物,在於求眞其求眞之法,貴乎無我。觀物內篇曰:「所謂觀物者非以目觀之也非觀之以目而觀之以心也非觀之以心而觀之以理也。聖人之所以能一萬物之情者謂能反觀也。反觀者不以我觀物以物觀物之謂也。」行篇曰:「物理之學或有所不通不可以強通強通則有我有我則失理而入於術矣」以物觀物謂純任物理之眞,而不雜以好惡之情,穿鑿之見卽今所謂客觀有我則流於主觀矣。

宇宙之原理，邵子名之曰道。雖以爲不可知，然極尊崇之。故曰：「天由道而生，地由道而成，人物由道而行。天地人物則異其由於道則一也」道之所以然不可知，所以知之觀物而得其理而已。故曰：「道也者道也無形行之則見於事矣」又曰：「以天地觀萬物則萬物爲物，以道觀天地則天地亦爲物道之道盡於天矣天之道盡於地矣地之道盡於物矣天地萬物之道盡於人矣（天地之道盡於物之理矣）人能知天地萬物之道所以盡於人者，然後能盡於民也，天之能盡萬物更無論天地萬物之理矣）人能知天地萬物之道所以盡於人者，然後能盡民也，天之能盡萬物則謂即理具於事事外無理之謂天地萬物之道所以盡於人者謂一切生於人心無人則無天地萬物之聖人」此道之所以可貴也（邵子曰：「道爲太極」又曰：「心爲太極」即「天地萬物之道盡於人」之說。）

世界之眞原因惟一，而人之所知，則限於二，此非世界之本體有二而人之認識，自如此也。此理邵子亦言之。其說曰：「本一氣也生則爲陽消則爲陰，故二者一而已矣。是以言天而不言地言君而不言臣言父而不言子言夫而不言婦然天得地而萬物生君得臣而萬化行父得子，夫得婦而家道成故有一則有二則有四有三則有六有四則有八。」「言天而不言地」云云謂世之所謂二者其實則一，特自人觀之則見爲二耳「有一則有二有二則有四」自此推之則世界現象極之億兆京垓其實一也。朱子所謂一本萬殊萬

殊一本卽此理。

世界之本體惟一,而人恆見爲二者以其動也動則入現象界矣入現象界則有二之可言矣。故曰:「自下而上謂之升自上而下謂之降升者生也降者消也故陽生於下而陰生於上是以萬物皆反陰生陽,陽生陰是以循環而不窮也」人所知之現象不外陰陽兩端而陰陽之變化實仍一氣之升降降而升則謂之陽,升而降則謂之陰耳然則世界之本體果惟一而所謂陰陽者亦人所強立之二名耳其實則非有二也此論與張橫渠若合符節。

世界之現象人旣爲之分立陰陽剛柔等名目至於本體則非認識所及非認識所及,則無可名無可名而強爲之名則曰「神」。邵子曰:「氣一而已主之者神也神亦一而已乘氣而變化能出入於有無生死之間無方而不測者也」又曰「潛天潛地不爲陰陽所攝者神也」「出入於有無生死之間,不爲陰陽所攝」言其無所不在也。然又云:「潛天潛地,不行而至」言其無所不在則惟一之謂也故「神則養性性則乘氣故氣存則性存性動則氣動也。」「氣者神之宅也體者氣之宅」則形體卽氣氣卽神非物質之外別有所謂神者在也故邵子之論乘氣而變化」「氣者神之宅體者氣之宅」則形體卽氣氣卽神非物質之外別有所謂神者在也故邵子之論亦今哲學家所謂汎神論也。

邵子曰：「人能盡物則謂之聖人所謂盡物者謂其能通乎物理也人所以能通乎物理者以人與物本是一也故曰『神無所在無所不在至人與他心通者以其本一也』」

邵子之學一言蔽之曰觀察物理而已其觀物外篇中推論物理之言頗多雖多不足據（如云：「動者之神棲於目人之神棲於目人之神寢則棲心寐則棲腎所以象天也」以是比擬天人自今日觀之俱覺可笑。）然在當日自不失為一種推論物理極其所至亦不過明於事物之原理而已何益不然果能明於事物之理則人之所以自處者自可不煩言而解其道惟何？亦曰「循理」而已宇宙之原理天則也發見宇宙之原理而遵守之則所謂循理者也故程朱循理之說亦與邵子之學相通也觀物內外篇中論循理之言頗多如曰「自然而然者天也惟聖人能索之效法者人也若時行時止雖人也亦天」「劉絢問無為。對曰時然後言人不厭其言時然後笑人不厭其笑時然後取人不厭其取此所謂無為也。」（此與周子「非不動為靜不妄動為靜」之意同。）皆是循理之要在於無我故曰：「以物觀物性也以我觀物情也性公而明情偏而暗」又曰：「任我則情情則蔽蔽則昏矣因物則性性則神神則明矣」又曰：「不我物則能物物」又曰：「以物喜物以物悲物此發而中節者也」又曰：「時然後言乃應變而言不在我也」又曰：「易地而

古太極圖

先天圖,亦曰太極圖。後人謂之天地自然之圖,又謂之太極真圖。

而處,則無我。」夫人我何以不可分以其本不可分也人我何以本不是一也何以本一曰:「神為之也。故曰:「形可分神不可分木結實而人種之又成是木而結是實木非舊木也此木之神不二也此實生生之理也」又曰:「人之神則天地之神人之自欺所以欺天地可不慎哉!」此邵子本其哲學所建立之人生觀也。

邵子之學其原亦出於道家。宋時有所謂先天圖及古太極圖者。宋宗室別傳蔡元定得之蜀隱者趙撝謙(撝謙字古則,餘姚人宋宗室世傳古老先生名山藏作天圖見趙撝謙)六書本義云此圖祕而不傳雖朱子亦莫之見今得之陳伯敷氏古太極圖見趙仲全道學正宗。(蓋以濂溪有太極圖故加古字以別之)乃就先天圖界之為八宋濂曰:「新安羅端良願作陰陽相含之象就其中八分之以為八卦謂之河圖用井文界分九宮謂之洛書言出青城隱者」正即此圖也胡朏明曰「此二圖蓋合二用三五(見前篇)月體納甲九宮八卦而一之者。

蓋就古太極圖所界分者而觀之則上方之全白者即乾下方之全黑者

即坤。左方下白上黑中復有一白點者當離。右方下黑上白中復有一黑點者當坎。乾之左，下二分黑上一分白者為艮。所謂與八卦相合也。八卦分列八方，而虛其中為太極所謂與九宮相合也。（案全圖為太極左白右黑相向互為兩儀。白中有黑黑中有白合為四象。界而分之，則成八卦）月體納甲出魏伯陽參同契。以月之明魄多少取象於卦畫而以所見之方為所納之甲。震一陽始生於月為生明，三日夕出於庚故曰震納庚謂一陽之氣納於西方之庚也。兌二陽見於上弦八月夕見於丁故曰兌納丁謂二陽之氣納於南方之丁也。乾純陽望十五夕盈於甲，故曰乾納甲謂三陽之氣納於東方之甲也此望前三候陽息陰消之月象也。巽一陰始生於月為生魄十六旦明初退於辛故曰巽納辛謂以一陰之氣納於西方之辛也。退二陰為下弦二十三旦明半消於丙故曰艮納

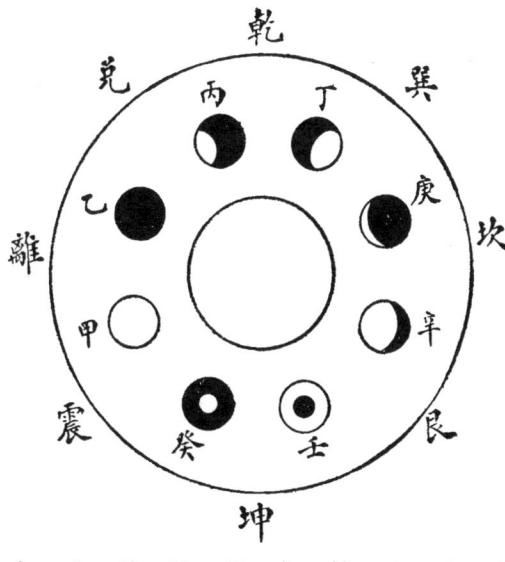

丙，謂二陰之氣，納於南方之丙也。坤純陰爲晦。三十旦，明盡滅於乙，故曰坤滅於乙。此望後三候，陽消陰息之象也。乾納甲而又納壬，坤納乙而又納癸者？謂乾之中畫即太陰之精晦朔之間，日在坤納其氣於癸方，地中合日之月也。徐敬可曰：「望夕之陽既盈於甲矣，其夜半日行至壬而與月爲衡月中原有陰魄所謂離中一陰者。平時含蘊不出，至是流爲生陰之本，故其象爲☉，即望夕夜半壬方之日也。晦月之陽既盡於乙矣，其夜半日行至癸而與月同躔，月中原有陽精所謂坎中一陽者，平時胚渾不分，至是發爲生陽之本，故其象爲●，即晦朔間癸方之月也。離爲日，日生於東，故離位乎東；坎爲月，月生於西，故坎位乎西，至望夕則日西月東坎離易位，其離中一陽，即是月魄中一陽，即是日光東西正對交位也。」此二用之氣所以納戊己也。」此蓋仿方家修煉注重坎離之故，智太極圖白中黑點，黑中白點，即其義也。胡氏謂：「此圖蓋眞出希夷，儒者受之自种放後，皆有所變通恢廓，非復希夷之舊。」胡氏謂此必其一，未知信否。然謂邵子之學原出此圖，則說頗近之。以此圖與先天次序、卦位圖若合符節也。此可見邵子之學，原出入峽購得三圖，見袁氏樞謝仲直易三圖序。通入峽求之。」案朱子屬蔡季出此圖則說頗近之。以此圖與先天次序、卦位圖若合符節也。此可見邵子之學原出道家矣。黃黎洲易學象數論曰：「乾南坤北實養生家大旨，謂人身本具天地，因水潤火炎會易交易變其本體故令乾之中畫損而

成離坤之中畫塞而成坎是後天使然今有取坎填離之法挹坎水一畫之奇歸離火一畫之耦如鍊精化氣，鍊氣化神之類益其所不足離得固有也鑿竅喪魄五色五聲五味之類損其所有餘坎去本無也離復返爲乾坎復返爲坤乃先天之南北也養生所重專在水火比之天地旣以南北置乾坤坎離不得不就東西」尤可見道家之說所自來然邵子之學自與養生家異用其圖作藍本亦猶周子之借用太極圖耳不得以此遂誣邵子爲方士之流也。

篇六 橫渠之學

周、程、張、邵五子中惟卲子之學偏於言數。周、張、二程則學問途轍，大抵相同。然伊川謂橫渠：「以大槪氣象言之，有苦心極力之象，而無寬裕溫和之氣非明睿所照而考索至此故意屢偏而言多窒」朱子亦謂「若論道理他卻未熟」後人之尊張遂不如周程然理學家中規模闊大制行堅卓實無如張子者張子之學合天地萬物爲一體而歸結於仁聞人有善喜見顏色見餓莩輒咨嗟對案不食者經日嘗以爲欲致太平必正經界。欲與學者買田一方試之未果而卒是眞能以民胞物與爲懷者其言曰：「學必如聖人而後已知人而不知天求爲賢而不求爲聖此秦漢以來學者之大蔽。」又曰：「此道自孟子後，千有餘歲若天不欲此道復

明,則不使今日有知者,則必有復明之理。」其自任之重爲何如?又曰:「言有教動有法畫有爲宵有得息有養瞬有存。」其自治之密爲何如?朱子謂:「橫渠說做工夫處更精切似二程」又謂:「橫渠之學是苦心得之,乃是致曲與伊川異」則其克治之功實不可誣也。朱子又曰:「明道之學從容涵泳之味洽,橫渠之學苦心力索之功深」又謂:「二程資稟高明潔淨不大段用工夫,橫渠資稟有偏駁夾雜處大段用工夫來」似終右程而左張。此自宋儒好以聖賢氣象論人故有此語其實以規模閎大制行堅卓論有宋諸家皆不及張子也。張子之言曰:「爲天地立心爲生民立命爲往聖繼絕學爲萬世開太平」此豈他人所能道哉?

橫渠之學所以能合天地萬物爲一者,以其謂天地萬物之原質唯一也,此原質惟何?曰氣是已。橫渠之言曰:「凡可狀皆有也,凡有皆象也,凡象皆氣也」又曰:「太和所謂道中涵浮沈升降動靜相感之性,是生絪縕相盪勝負屈伸之始。其來也,幾微易簡其究也廣大堅固散殊而可象爲氣清通而不可象爲神」神也,氣也一物而異名宇宙之間惟此而已。宇宙本體亦此而已。

一非人所能識宇宙本體,既惟是一氣,何以能入認識之域乎?以其恆動故也宇宙之本體惟一動則有絪縕相盪勝負屈伸之可見而入於現象界矣故曰:「氣塊然太虛升降飛揚未嘗止息。」又曰:「氣聚則離

明得施而有形氣不聚則離明不得施而無形」（謂聚則可見，散則不可見而已，非無。）又曰：「氣不能不聚而為萬物，萬物不能不散而為太虛」（太虛卽氣之散而不可見者，非無。）夫如是則所謂有無者，特人能認識不能認識，而非眞有所謂有無故曰：「氣之聚散於太虛猶冰之凝釋於水，知太虛卽氣則無無。聖人語性與天道之極盡於參伍之神變易而已諸子淺妄有有無之分非窮理之學也」（案諸子亦未嘗分有無為二此張子之誤朱子謂「濂溪之言有無以有無為一老子之言有無以有無為二五千言中曷嘗有以有無為二者耶？」又云「聖人仰觀俯察但云知幽明之故不云知有無之故」所謂幽明卽能認識不能認識之謂也。

知天下無所謂無則生死之說可不煩言而解故曰：「氣之為物，散入無形適得吾體聚為有象，不失吾常。」（此言質力無增減）「太虛不能無氣氣不能不聚而為萬物，萬物不能不散而為太虛循是出入是皆不得已而然也」（此言質力之變化一切皆機械作用）「彼語寂滅者往而不反；（此闢佛然佛之所謂寂滅者，實非如張子所關。要之宋儒喜闢二氏然於二氏之言實未嘗眞解。）徇生執有者物而不化；（此闢流俗。）二者雖有間矣以言乎失道則均焉聚亦吾體，散亦吾體，知死之不亡者可與言性矣。」（張子之意個體有生死，總體無所謂生死個體之生死則總體一部分之聚散而已聚非有散非無故性不隨生死為有無故深闢

告子「生之爲性」之說，以爲「不通晝夜之道。」然告子之意，亦非如張子所闢，亦張子誤也。如張子之說，則死生可一。故曰：「盡性然後知生無所得則死無所喪」）

生死之疑既決，而鬼神之疑隨之。生死者氣之聚散之名鬼神者，往來屈伸之義」又曰「鬼神者二氣之良能也」蓋以往而屈者爲鬼來而伸者爲神也又詳言之曰：「動物本諸天以呼吸爲聚散之漸植物本諸地以陰陽升降爲聚散之漸物之初生氣日至而滋息物生既盈氣日反而游散。至之爲神以其伸也反之爲鬼以其歸也」然則鬼神者非人既死後之名乃其方生方死方生之時自然界一種看似兩相反對之作用之名然則鬼神者終日與人不相離者也然則人卽鬼神也。然則盈宇宙之間皆鬼神也此論至爲微妙理學家之論鬼神無能越斯旨者。

鬼神與人爲一體則幽明似二而實一幽明似二而實一則隱微之間不容不愼故曰：「鬼神豈不死故誠不可掩人有是心在隱微必乘間而見故君子雖處幽獨防亦不懈」夫鬼神所以與人爲一體者以天地萬物本係一體也故曰：「知性知天則陰陽鬼神皆吾分內耳。」此張子由其宇宙觀以建立其人生觀者也。

宇宙之間，惟是一氣之運動。而自人觀之則有兩端之相對惟一者本體兩端相對者現象也。故曰：「一

物而兩體，其太極之謂與？」又曰：「一物兩體，氣也。一故神，兩故化。」又曰：「兩不立，則一不可見，一不可見，則兩之用息。兩體者虛實也動靜也聚散也清濁也其究一而已」

所謂現象者，總括之爲陰陽兩端細究之則億兆京垓而未有已也故曰：「游氣紛擾合而成質者生人物之萬殊其陰陽兩端循環不已者立天地之大義。」又曰：「氣坱然太虛升降飛揚未嘗止息浮而上者陽之清降而下者陰之濁其感遇聚散爲風雨爲霜雪萬品之流形山川之融結糟粕煨燼無非教也」（張子之學，雖與邵子異然格物之功亦未嘗後人張子曰：「地純陰凝聚於中天浮陽運旋於外」又曰：「陰性凝聚，陽性發散陰聚之，陽必散之。陽爲陰累則相持爲雨而降陰爲陽得則飄揚爲雲而升雲物班布太虛者陰爲風驅斂聚而未散者也陰氣凝聚，陽在內者不得出則奮擊而爲雷霆在外者不得入則周旋不舍而爲風其聚有遠近虛實故雷風有大小暴緩和而散則爲霜雪雨露不和而散則爲戾氣曀霾」又曰：「聲者形氣相軋而成兩氣者谷響雷聲之類形軋氣羽扇敲矢之類氣軋形人聲笙簧之類」皆其格物有得之言自今日觀之雖不足信然亦可見其用心之深矣○敲矢莊子作嚆矢卽鳴鏑今響箭也）

旣知宇宙之間惟有一氣則一切現象本來平等無善惡之可言然淸虛者易於變化則謂之善重濁者難於變化則謂之惡。又以寂然不動者爲主紛紜變化者爲客此等思想哲學家多有之蓋以靜爲本體動爲

現象,本體不能謂之惡,凡惡皆止可歸諸現象界也。張子亦云:「太虛無形氣之本體其聚其散變化之客形耳至靜無感性之淵源有識有知物交之客感耳客感客形與無感無形惟盡性者能一之」又曰:「太虛為清清則無礙無礙故神反清為濁濁則礙礙則形」又曰:「凡氣清則通昏則壅清極則神」又曰:「凡天地法象皆神化之糟粕」蓋凡有形可見者皆不足當本體之名也。

認識所及莫非紛紜之現象也何以知其為客而別有淵然而靜者為之主以其勤必有反而不差忒如久客者之必歸其故鄉也故曰:「天地之氣雖聚散攻取百途然其為理也順而不妄」又曰:「天之不測謂之神神之有常謂之天」然則紛紜錯雜者現象看似紛紜錯雜而實有其不易之則者本體也現象之變化不嘗受制取於本體矣故曰:「氣有陰陽推行有漸為化合一不測為神」

張子之論天然如此其論人則原與天然界為一物蓋宇宙之間以物質言則惟有所謂氣人固此氣之所成也以性情言則氣之可得而言者惟有所謂浮沈升降動靜相感之性而此性即人之性也故人也者以物質言以精神言皆與自然是一非二也張子之言曰:「氣於人生而不離死而游散者為魂聚成形質雖死而不散者為魄。」然則魂也者卽清而上浮之氣魄也者卽濁而下降之氣也又曰:「氣本之虛則湛一無形感而生則聚而有象有象斯有對對必反其為有反斯有仇仇必和而解故愛惡之情同出於太虛而卒歸於

物欲倏而生,忽而成,不容有豪髮之間。」此言人之情感亦即自然界之物理現象也故斷言之曰:「由太虛,有天之名。由氣化,有道之名合虛與氣,有性之名合性與知覺,有心之名。」又曰:「惟屈伸動靜終始之能一也。故所以妙萬物而謂之神通萬物而謂之道體萬物而謂之性」天也道也性也其名雖異其實則一物也。

一元之論至此可謂豪髮無遺憾矣。

人之性與物之性是一,可以其善感驗之蓋宇宙之間惟有一氣,而氣升降飛揚未嘗止息其所以不息者,以其有動靜相感之性也。而人亦然故曰。」感者性之神性者感之體。」又曰:「天所不能自己者為命,命通一無二若謂虛能生氣則虛無窮氣有限體用殊絕入老氏有生於無自然之論若謂萬象為太虛中所見之物則物與虛不相資形自形性自性形性天人不相待陷於浮屠以山河大地為見病之說」以如是則人與自然,不能合為一體也。(釋老之言實非如此,又當別論)

張子以天地萬物為一體故深闢有無隱顯歧而為二之論其言曰。」知虛空即氣則有無隱顯神化性不能無感者為性」夫人與物相感猶物之自相感也此即所謂天道也故曰:「天性乾坤陰陽也二端故有感本一故能合」「天地生萬物所受雖不同皆無須臾之不感」所謂性即天道也

張子以人與天地萬物為一體夫天地萬物,其本體至善者也而人何以不能盡善?曰:張子固言之矣:

「太虛爲淸淸則無礙無礙則神反淸爲濁濁則礙礙則形。」人亦有形之物，其所以不免於惡者，正以其不能無礙耳。張子曰：「性通乎氣之外命行乎氣之內。」性通乎氣之外謂人之性與天地萬物之性是一故可以爲至善命行乎氣之內命指耳之聰目之明知慧疆力等言，不能不爲形體所限人之所以不能盡善者以此夫「性者萬物一原非有我之所得而私也」然旣寓於我之形則不能不藉我之形我之形不能盡善而性之因形而見者遂亦有不能盡善者焉此則張子所謂氣質之性也氣質之性所以不能盡善者乃因性爲氣質所累而然而非性之本不善猶水然因方爲圭遇圓成壁苟去方圓之器固無圭壁之形然則人能盡除氣質之累其性固可以復於至善故曰：「形而後有氣質之性善反之，則天地之性存焉故氣質之性君子有弗性者焉」又曰：「性於人無不善繫其善反與不善反而已」

人之性善然旣云性爲氣質所限則其能反與否，自亦不能無爲氣質所拘。故曰：「凡物莫不有是性由通蔽開塞所以有人物之別由蔽有厚薄故有智愚之別塞者牢不可開厚者可以開而開之也難薄者開之也易。」又曰：「上智下愚習與性相遠旣甚而不可變者也」橫渠論性之說朱子實祖述之。其說與純粹性善之說，不能相容爲理學中一重公案。

氣質何以爲性累張子統括之曰：「攻取之欲」「計度之私」前者以情言後者以智言也。人之性卽天

地之性；天地之性固善感使人之感物，亦如物性之自然相感，而無所容心於其間，固不得謂之不善所以不善者因人之氣質不能無偏遂有因氣質而生之欲如「口腹於飲食鼻舌於臭味」是所謂「湛一氣之本，攻取氣之欲」也既有此欲必思所以遂之於是有「計度之私」。抑且不必見可欲之物而後計度以取之也；心溺於欲則凡耳目所接莫不惟可欲是聞可欲是見而非所欲者則傾耳不聞熟視無覩焉所謂「見聞之知」乃物交而知非德性所知」也甚有無所見聞亦憑空冥想者則所謂「無所感而起者妄也」凡若此者總由於欲而來故又可總括之曰「人欲」對人欲而言則曰「天理」。故曰「徇物喪心人化物而滅天理者與？」又曰「德不勝氣性命於氣德勝其氣性命於德窮理盡性則性天德命天理氣之不可變者獨死生壽天而已」。又曰「爲學大益在自能變化氣質」也分性爲氣質之性義理之性又以天理人欲對舉皆理學中極重要公案。而其原皆自張子發之，張子之於理學實有開山之功者。

反其性有道乎曰：有爲性之累者氣質反其性者去其氣質之累而已。去氣質之累如之何？曰因氣質而生者欲去氣質之累者去其心之欲而已。故曰「不識不知順帝之則有思慮知識則喪其天矣。」又曰：「無所感而起妄也感而通誠也計度而知昏也不思而得素也。」又曰「成心者意之謂與成心忘然後可與進於道。」

篇六 橫渠之學

七十三

此等功夫貴不爲耳目等形體所累，而又不能不藉形體之用。故曰：「世人之心止於聞見之狹聖人盡性，不以聞見牿其心。」又曰：「耳目雖爲心累然合內外之德，知其爲啓之之要也。」夫不蔽於耳目而又不能不用耳目果以何爲主乎曰主於心以復其性張子曰：「心統性情者也。」與天地合一者謂之性，蔽於耳目者謂之情心能主於性而不爲情之所蔽則善矣。故曰「人病以耳目見聞累其心而不務盡其心。盡其心者必知心所從來而後能」夫心所從來則性之謂也。

能若此則其所爲純乎因物付物而無我之見存所謂「不得已而後爲，至於不得爲而止」也人之所以不善者旣全由乎欲則欲之旣除其所爲自無不善故曰「不得已當爲而爲之雖殺人皆義也有心爲之，雖善皆意也」蓋所行之善惡視其有無欲之成分不以所行之事論也故無欲卽至善也故曰「無成心者，時中而已矣。」又曰「天理也者時義而已其行已逑天理而時措之者也」

人之所爲全與天理相合是之謂誠中庸曰「誠者天之道也思誠者人之道也」張子曰「天所以長久不已之道乃所謂誠。」所謂誠者天之道也情僞相感而利害生雜之僞也。至誠則順理而利僞則不循理而害」又曰「誠有是物則有終有始。僞實不有何終始之有？」所謂思誠者人之道也張子曰「天人異用不足以言誠天人異知不足以盡明所謂誠明者性與天道不見乎大小

之別也。」謂在我之性與天道合也夫是之謂能盡性能盡性則我之所以處我者可謂不失其道矣夫是之謂能盡命故曰：「性其總命其受不極總之要則不盡受之分」故盡性至命是一事也夫我之性即天地人物之性既非二則盡此即盡彼故曰「盡其性者能盡人物之性至於命者亦能至人物之命」然則成己成物以至於與天地參又非二事也此爲人道之極致亦爲脩爲之極功

此種功力當以精心毅力行之而又當持之以漸張子曰：「神不可致思存焉可也化不可助長順焉可也。」又曰「窮神知化乃養盛自致非思勉之能強故崇德而外君子未之或知也」又曰：「心之要只是欲乎曠熟後無心如天簡易不已令有心以求其虛則是已起一心無由得虛切不得令心煩求之太切則反昏惑。」孟子所謂助長也孟子亦只言存養而已此非可以聰明思慮力所能致也」張子之言如此謂其學由於苦思力索非養盛自致吾不信也。

張子之學以天地萬物爲一體故其道歸結於仁故曰：「性者萬物一原非有我所得私也惟大人爲能盡其性故立必俱立知必周知愛必兼愛成不獨成。」蓋不如是不足以言成已也故曰：「天體物而不遺猶仁體事而無不在也禮儀三百威儀三千無一物而非仁也」張子又曰「君子於天下達善達不善無物我之私循理者共悅之不循理者共攻之其過雖在人如在己不忘自訟其悅之善雖在己蓋取諸人必以

與人爲善以天下不善以天下。」又曰：「正己而物正，大人也正己以正物猶不免有意之累也有意爲善利之也假之也無意爲善性之也由之也」渾然不見人我之別可謂大矣。

以上引張子之言皆出正蒙及理窟。而張子之善言仁者尤莫如西銘。今錄其辭如下。西銘曰：「乾稱父，坤稱母予茲藐焉乃混然中處。故天地之塞吾其體，天地之帥吾其性民吾同胞，物吾與也。大君者，吾父母宗子，其大臣宗子之家相也。尊高年所以長其長慈孤弱所以幼其幼。聖其合德，賢其秀也凡天下疲癃殘疾惸獨孤寡皆吾兄弟之顛連而無告者也。於時保之子之翼也樂且不憂純乎孝者也。違曰悖德害仁曰賊濟惡者不才其踐形維肖者也。知化則善述其事窮神則善繼其志。不愧屋漏爲無忝存心養性爲匪懈惡旨酒崇伯子之顧養育英才穎封人之錫類不弛勞而底豫舜其功也。無所逃而待烹申生其恭也體其受而歸全者參乎勇於從而順令者伯奇也。富貴福澤將厚吾之生也貧賤憂戚庸玉汝於成也存吾順事沒吾寧也。」寥寥二百餘言而天地萬物爲一體不成物不足以言成己成己卽所以成物之旨昭然若揭焉可謂善言仁矣。

楊龜山寓書伊川疑西銘言體而不及用恐其流於兼愛伊川曰：「西銘理一而分殊墨氏則二本而無分。」劉剛中問：「張子西銘與墨子兼愛何以異？」朱子曰：「異以理一分殊墨氏則二本而一者一本而殊者萬殊脈絡流通眞從乾父坤母源頭上聯貫出來。其後支分派別井井有條非如夷之愛無差等且理一體

也，分殊用也。墨子兼愛只在用上施行。如後之釋氏，人我平等，親疏平等，一味慈悲，彼不知分之殊又惡知理之一哉？」釋氏是否不知分殊又當別論。而張子之學本末咸備，體用兼該，則誠如程朱之言也。

惟其如是，故張子極重禮。張子曰：「生有先後所以爲天序，小大高下相並而相形焉，是爲天之生物也。有序物之既形也有秩，知序然後經正知秩然後禮行」。蓋義所以行仁禮所以行義也。張子又曰：「世學不講男女從幼便驕惰壞了。到長益凶狠只爲未嘗爲子弟之事，於其親已有物我，不肯屈下。病根常在，又隨所居而長，至死只依舊爲子弟，則不能安洒掃應對在朋友則不能下朋友有官長則不能下官長爲宰相則不能下天下之賢。甚則至於徇私意義理都喪也只爲病根不去，隨所居所接而長，人須一事事消了病，則義理常勝。」又曰：「某所以使學者先學禮者只爲學禮便除去了世俗一副當習熟纏繞譬之延蔓之物，解纏繞卽上去上去卽是理明矣又何求苟能除去一副當世習便自然洒脫也」。可見張子之重禮皆所以成其學，非若俗儒拘拘卽以節文之末爲道之所在矣。張子敎童子以洒掃應對進退。女子未嫁者使觀祭祀，納酒漿。其後學益酌之定禮文，行之敎授感化所及之地雖所行未必盡當其用意之善，則不可沒也。張子曰：「天下事大患只是畏人非笑，不養車馬食粗衣惡居貧賤皆恐人非笑，不知當生則生當死則死。今日萬鍾，明日棄之今日富貴明日飢餓亦不卹惟義所在」。今日讀之猶想見其泰山巖巖壁立萬仞之氣象焉吾師

乎吾師乎百世之下聞者莫不興起也。

篇七 明道伊川之學

二程之性質雖寬嚴不同，(二程之異朱子「明道弘大伊川親切」一語，足以盡之。大抵明道說話較渾融，伊川則於躬行之法較切實。朱子喜切實故宗伊川，象山天資高故近明道也。)然其學問宗旨則無不同也，故合為一篇講之。

欲知二程之學首當知其所謂理氣者。二程以凡現象皆屬於氣，具體之現象固氣也，抽象之觀念亦氣。必所以使氣如此者乃謂之理。大程曰：「有形總是氣，無形是道」；小程曰：「陰陽氣也，所以陰陽者道」是也。(非謂別有一無形之物能使有形者如此別有一所以陰陽者能使陰陽為陰陽，乃謂如此與使之如此者，其實雖不可知，然自吾曹言之不妨判之為二耳。小程曰：「沖漠無朕萬象森然已具，未應不是先已應不是後。如百尺之木自根本至枝葉皆是一貫」不可上面一段是無形無兆卻待人安排引出來」此言殊有契於無始無終之妙。若謂理別是一物，而能生氣，則正陷於所謂安排引出來者矣。或謂程子所謂理能生氣，乃謂以此生彼，如橫渠所譏，「虛能生氣，虛無窮氣有限，體用殊絕」者乃未知程子之意者也。○程子所以歧

理氣爲二者，蓋以言氣不能離陰陽，陰陽已是兩端相對，不足爲宇宙根原，故必離氣而言理亦猶周子於兩儀之上立一太極也。小程曰：「寂然不動，感而遂通，此已言人分上事，若論道，則萬理皆具，更不說感與未感。」其意可見。然以陰陽二端不足爲世界根原而別立一沖穆無朕之理以當之，殊不如橫渠之說以氣卽世界之實體，而陰陽兩現象乃是其用之爲得也。○小程以所謂惡者歸之於最初之動，其言曰：「天地之化既是兩物必動已不齊。譬如兩扇磨行使其齒齊不得齒齊既動則物之出者何可得齊從此參差萬變巧曆不能窮也。」蓋程子之意終以惡生於所謂兩者也。夫如明道之言「有形總是氣無形是道」天地亦有形之物也亦氣也。天地有惡誠不害於理之善然則理與氣既不容斷絕則動者氣也理既至善何故氣有不善之動？是終不能自圓其說也。故小程子又曰：「事有善有惡皆天理也天理中物須有美惡。蓋物之不齊物之情也。」至此則理爲純善之說幾幾乎不能自持矣然以理爲惡，於心究有不安，乃又委曲其詞曰：「天下善惡皆天理謂之惡者本非惡但或過或不及」未免進退失據矣。○又案二程之論雖謂理氣二，然後來主理氣是一者，其說亦多爲二程所已及，如「惡本非惡但或過或不及」一語卽主理氣是一者所常引用也。小程又曰：「天地之化，一息不留疑其速也，然寒暑之變甚漸。」又曰：「天地之化雖廓然無窮，然而陰陽之度日月寒暑晝夜之變莫不有常此道之所以爲中庸」此二說後之持一元論者亦常引用之。

要之二程論理氣道器用思未嘗不深，而所見不如後人之瑩澈。此自創始者難為功繼起者易為力也。）

職是故，伊川乃不認氣為無增減而以為理之所生。語錄曰：「真元之氣，氣之所由生，不與外氣相雜但以外氣涵養而已。若魚之在水魚之性命非是水為之也，但必以水涵養魚乃得生耳。人居天地氣中與魚在水無異。至於飲食之養皆是外氣涵養之道出入之息者闔闢之機而已。所出之氣非所入之氣，但真元自能生氣所入之氣正當闢時隨之而入非假外氣以助真元也。若謂既斃之氣復將為方伸之氣，則殊與天地之化不相似。天地之化自然生生不窮更何資於既斃之形既返之氣人氣之生生於真元天地之氣亦自然生生不窮。至如海水陽盛而涸及陰盛而生亦不是將已涸之氣卻生水，自然能生往來屈伸只是理也盛則便有衰，晝則便有夜，往則便有來，天地中如洪鑪何物不銷鑠」此說與質力不滅之理不合且於張子所謂「無無」之旨見之未瑩宜後人之譏之也。

凡哲學家祇能認一事為實主理氣合一者以氣之屈伸往來即是理所謂理者乃就氣之狀態而名之，故氣即是實也若二程就氣之表別立一使氣如是者之名為理則氣不得為實惟此物為實審矣。故小程謂「天下無實於理者」也。

二程認宇宙之間惟有一物，即所謂理也。宇宙間既惟此一物，則人之所稟受以為人者，自不容舍此而

有他。故謂性卽理。大程曰：「在天爲命，在人爲性，主於身爲心」(小程亦有此語。)小程曰：「道與性一」是也。(明道又曰「窮理盡性以至於命二事一時並了。」伊川語錄：「問人之形體有限量，心有限量否？曰：以有限之形有限之氣苟不通之以道安得無限量苟能通之以道又豈有限量，天下更無性外之物若有限量除是性外有物始得。」其所謂理者既爲脫離現狀無可指名之物，故其所謂性者亦異常超妙無可把捉。

大程謂「生之謂性性卽氣」，「人生而靜以上不容說才說性便已不是性」是也。伊川語錄「季明問喜怒哀樂未發謂之中日當中之時耳無聞目無見否曰雖耳無聞目無見然見聞之理在始得賢且說靜時如何？曰謂之無物則不可。然自有知覺處。既有知覺卽是動也怎生言靜人說復以靜見天地之心非也。復之卦下面一畫便是動也安得謂之靜」？又：「或問先生於喜怒哀樂未發之前下動字下靜字曰謂之靜則可。靜中須有物始得這是最難處。」又：「或曰喜怒哀樂未發之前求中可乎曰不可。既思於喜怒哀樂未發之前求中，卻又是思也。既思卽是已發便謂之和不可謂之中。」既思卽是已發有知覺卽是動此卽明道才說性便已不是性之說。蓋二程之意必全離乎氣乃可謂之性也。既無聞無見而又須有見聞之理在謂之靜而其中又須有物則以理氣二者不容隔絕爾。二程既不容隔絕而又不容夾雜則其說祇理論可有實際無從想像矣。二程亦知其然故於夾雜形氣者亦未嘗不認爲性(以舍此性更無可見也)。

大程謂「善固性惡亦不可不謂之性」;小程謂「論性不論氣不備,論氣不論性不明」是也。夫如是,則二程所謂性者空空洞洞無可捉摸自不得謂之惡。故二程以所謂惡者悉歸諸氣質。

小程曰:「性即是理。理自堯舜至於途人一也。才禀於氣,氣有清濁,禀其清者為賢,禀其濁者為愚。」又曰:「氣有善有不善性則無不善人之所以不知善者氣昏而塞之耳」又曰:「性即理也天下之理原其所自來未有不善故凡言善者皆先善而後惡言是非者皆先是而後非言吉凶者皆先吉而後凶」明道語錄中論性一節號為難解其意亦祇如此其言曰:「生之謂性性即氣氣即性生之謂也人生氣禀理有善惡然不是性中元有此兩物相對而生也有自幼而善有自幼而惡是氣禀使然也善固性也惡亦不可不謂之性也蓋生之謂性人生而靜以上不容說才說性便已不是性也凡人說性只是說繼之者善也孟子言人性善是也夫所謂繼之者善也猶水流而就下也皆水也有流而至海終無所汙此何煩人力之為也有流而未遠固已漸濁有出而甚遠方有所濁有濁之多者有濁之少者清濁雖不同然不可以濁者不為水也如此則人不可以不加澄治之功故用力敏勇則疾清用力緩怠則遲清其清也卻只是元來水也亦不是將清來換卻濁,亦不是取出濁來置在一偶也。水之清則性善之謂也。故不是善與惡在性中為兩物相對各自出來」大程此言謂性字有兩種講法:一告子所謂「生之謂性」,此已落形氣之中,無純善者;孟子所謂性善亦指此,

不過謂可加澄治之功耳。一則所謂人生而靜以上此時全不雜氣質故不可謂之惡。此境雖無可經驗然人之中固有生而至善如水之流而至海終無所汙者；又有用力澄治能復其元來之清者如水然江河百川固無不與泥沙相雜然世間既有清澄之水人又可用力澄治以還水之清則知水與泥沙確係兩物就水而論，固不能謂之不清；而濁非水之本然矣此人性所以可決為善而斷定其中非有所謂惡者與善相對也（性本至善然人之生鮮有不受氣質之累者不知此理則將有性惡之疑故小程謂「論性不論氣不備論氣不論性不明」也。〇二程謂心性是一故於心亦恆不認其有不善。大程曰：「心本善發於思慮則有善有不善。既發則可謂之情不可謂之心。」「小程謂「在天為命在人為性主於身為心運用處是意」問上知下愚不移是性否曰此是才才猶言材料曲可以為輪直可以為梁是也」朱子則善橫渠心統性情之說謂「性是靜，情是動，心則兼動靜而言」。）

天下惟有一理；所謂性者亦即此理；此理之性質果何如乎？二程斷言之曰仁。蓋宇宙現象變化不窮，便是生生不已。凡宇宙現象，一切可該之以生則生之外無餘事（生殺相對然殺正所以為生，如冬藏所以為春生地也故二者仍是一事）故生之大無對生即仁也故仁之大亦無對人道之本惟仁而已。大程識仁篇暢發斯旨其言曰「仁者渾然與物同體義理智信皆仁也識得此理以誠敬存之而已不須防檢不須窮索。

此道與物無對大不足以明之天地之用皆我之用。孟子言萬物皆備於我。須反身而誠乃爲大樂若反身未誠猶是二物有對也又安得樂終未有之又安得樂訂頑意思乃備言此體（橫渠銘其書室之兩牖東曰砭愚西曰訂頑。伊川更爲東銘、西銘。）以此意存之更有何事？必有事焉而勿正心勿忘勿助長未嘗致纖豪之力，此其存之之道若存得便合有得蓋良知良能元不喪失以昔日習心未除卻須存習此心久則可奪舊習此理至約惟患不能守然旣體之而樂亦不患不能守也）曰「與物同體」曰「天地之用皆我之用」曰「萬物皆備於我苟能有之則非復二物相對不待以己合彼」？）皆極言其廓然大公而已無人我之界則所謂仁也。小程曰「仁人道只消道一公字」亦此意（伊川語錄「問仁與心何異曰心是就所主言仁是就事言」伊川以心與性爲一理與仁爲一性卽理故心卽仁也。○大程言仁有極好者如曰「醫書言手足痿痺爲不仁，此言最善名狀仁者以天地萬物爲一體莫非己也至仁則天地萬物爲一身而天地之間品物萬形爲四支百體夫人豈有視四支百體而不愛者哉」又曰「仁至難言故曰己欲立而立人己欲達而達人能近取譬可謂仁之方也已如是觀之可以得仁之體」又曰：「舍己從人最難已者我之所有雖痛舍之猶懼守己者固，而從人者輕也。」其言皆極勘察入微。○明道曰「昔受業於周茂叔每令尋顏子仲尼樂處所樂何事。」朱子語錄：「問顏子所樂何事周子、程子終不言先生以爲所樂何事？

曰:「人之所以不樂者有私意耳克己之私則樂矣」盡去己私則不分人我矣。〇伊川語錄:「問仁與聖何以異?」曰:「人只見孔子言何事於仁必也聖乎便爲仁小而聖大殊不知仁可以通上下言之聖則其極也今人或一事是仁可謂之仁。至於盡人道亦可謂之仁。此通上下言之也。如曰若聖與仁則吾豈敢則又仁與聖兩大。大抵盡仁道者卽是聖人非聖人則不能盡得仁道」亦以仁爲人道之極也。〇所謂「義禮智信皆仁」者，乃謂義禮智信皆可該於仁之中耳非謂有仁遂可無義禮智信也明道語錄曰:「仁者體也義者用也知義之爲用而不外焉可以語道矣世之所論於義者皆外之不然則混而無別」此數語爲義禮知信皆仁之絕好注脚。蓋所謂義理智信皆謂仁者目的義禮智信皆其手段所以達目的而更無餘事也外之則義禮智與目的對立爲二物矣。如殺以止殺殺義也以止殺故乃殺則所以行仁也毒蛇螫手壯士斷腕，斷腕義也，行此義正所以全其身則仍仁也良藥苦口忍痛而飲之飲之義也亦所以全其身則仍仁也。蓋義之目的在仁而其手段則與仁相反故以仁爲目的而行之，則義仍是仁的而以義爲目的而行之，則竟是不仁矣。此外之之謂也。故外義卽不仁也混而無別則又有目的而無手段所謂婦人之仁也其心雖仁其事亦終必至於不仁而後已。故混而無別，亦不仁也。)

識得仁以誠敬存之，固已然人何緣而能識仁亦一問題也。此理也，大程於定性篇發之。其言曰:「所謂

定者，動亦定靜亦定；無將迎，無內外。苟以外物為外，牽己而從之，是以己性為有內外也。且以己性為隨物於外，則當其在外時何者為在內？是有意於絕外誘，而不知性之無內外也。既以內外為二本，則又烏可遽語定哉？夫天地之常，以其心普萬物而無心；聖人之常，以其情順萬事而無情。故君子之學，莫若廓然而大公，物來而順應。易曰：貞吉悔亡，憧憧往來，朋從爾思。苟規規於外誘之除，將見滅於東而生於西也，非惟日之不足，顧其端無窮不可得而除之。人之情各有所蔽，故不能適道，大率患在於自私而用智。自私則不能以有為為應迹，用智則不能以明覺為自然。今以惡外物之心而求照無物之地，是反鑑而索照也。易曰：艮其背不獲其身，行其庭不見其人。孟氏亦曰：所惡於智者為其鑿也。與其非外而是內，不若內外之兩忘也。兩忘則澄然無事矣。無事則定，定則明，明則尚何應物之為累哉？聖人之喜，以物之當喜；聖人之怒，以物之當怒。是聖人之喜怒不繫於心而繫於物也。是則聖人豈不應於物哉？烏得以從外者為非，而更求在內者為是也。今以自私用智之喜怒而視聖人喜怒之正為如何哉？夫人之情易發而難制者，惟怒為甚。第能於怒時遽忘其怒，而觀理之是非，亦可見外誘之不足惡，而於道亦思過半矣。

則合乎天然之理。合乎天然之理則仁矣。故誠敬存之是識仁後事而因物付物（不自私不用智）則由之以識仁之道也（此篇所言亦為鍼砭學佛者而發 伊川曰：「學佛者多要忘是非，是非安可忘？得自有許多道理。何事忘得？夫事外無心，心外無事。世人只為被物所役便覺苦。事多若物各付物便役物也」又曰：「如明鑑在此，萬物畢照是鑑之常。難為使之不照，人心能交感萬物亦難為使之不思慮」皆與此篇意同〇

程所謂止者即物各付物之謂也。明道曰：「知止則自定。」伊川曰：「釋氏多言定，聖人則言止。」〇伊川論止

之理,有極精者其言曰:「人多不能止蓋人萬物皆備,遇事時各因其心之所重者更互而出,才見得這裏重,便有這事出若能物各付物便是不出來也」又曰:「養心莫善於寡欲欲不必沈溺只有所向便是欲」又曰:「外物不接內欲不萌,如是而止乃得止之道有疑病者事未至先有疑端在心周羅事者先有周羅事之端在心皆病也」其言皆深切著明足以使人猛省。○伊川又曰:「聖人與理爲一故無過不及中而已矣其他皆是以心處這個道理故賢者常失之過不肖者嘗失之不及」此可見因物付物即私欲淨盡之時也。

大程之所謂定,即周子之所謂靜也蓋世界紛紛皆違乎天則之舉動若名此等舉動爲動則反乎此舉動者固可以謂之靜謂之定故周子所謂靜大程所謂定,無二致也。雖然周子僅言當靜而已,如何而可以靜未之及也,程子則并言所以求定之方曰:「涵養須用敬進學在致知」蓋當然之天則在自悟而不容強求若迫切求之,則卽此迫切之心已與天則爲二矣。(伊川語錄「問呂學士言當求於喜怒哀樂未發之前信斯言也恐無著摸如之何而可?曰看此語如何地下若言存養於喜怒哀樂未發之時則可若言求中於喜怒哀樂未發之時則不可。又問學者於喜怒哀樂發時固當勉強裁抑於未發之前當如何用功曰:未發之前更怎生求只平日涵養便是」又「伊川曰志道懇切固是誠意若迫切不中理,則反爲不誠。蓋實理中自有緩急不容如是之迫」○明道曰「中者天下之大本天地之間亭亭當當直上直下之正理出則不是惟敬

而無失最盡」亦涵養須用敬之意也。）故識得此理之後，在此以勿忘勿助之法存之也（勿忘者，不離乎此之謂，勿助者，不以人力強求以致反離乎此之謂也）。此即程子所謂敬也，然此爲識得天則後事至於未識天則之前欲求識此天則，則當卽物而求其理，此則程子所謂致知也故定者（卽周子之靜）目的主敬致知，則所以達此目的也故程氏之學脈實上承周子而其方法則又較周子加詳也。

涵養須用敬進學在致知二語爲伊川之宗旨朱子亟稱之然其說實已備於明道故二程之性質雖異，其學術則一也明道論敬之語已見前，伊川於此發揮尤爲透切其言曰：「有主則虛，虛則邪不能入無主則實實則物來奪之今夫缾罌有水實內，則雖江海之侵無所能入安得不虛？無水於內，則渟注之水不可勝注安得不實大凡人心不可二用用於一事他事便不能入事爲之主也事爲之主尙無思慮紛擾之患若主於敬又焉有此患乎？（所謂「閑邪則誠自存主一則不消閑邪」也）所謂敬者主一之謂敬所謂一者無適之謂一且欲涵泳主一之義一則無二三矣但存此涵養久之自然天理明」程子所謂主一乃止於至當而無邪思雜念之謂故其所謂一者，初非空空洞洞，無所著落之謂故語錄：「或問思慮果出於正亦無害否曰且如宗廟則主敬，朝廷則主莊軍旅則主嚴此是也若發不以時紛然無度雖正亦邪」如此說，則強繫其心於一物；或空空洞洞一無著落者皆不得爲思之正。何則？所謂一物者，初非隨時隨地所當念，而隨時隨地各有其所

當念之事，原亦不當落入空寂故也。語錄又載伊川語曰：「張天祺嘗自約：上著牀便不得思量事。後須強把這心來制縛亦須寄寓在一個形像皆非自然君實只管念個中字則又爲中繫縛愚夫不思慮冥然無知此過與不及之分也。」周子所謂靜本係隨時隨地止於至當之謂非謂虛寂然學者每易誤爲虛寂。易之以主敬則無此弊矣故主敬之說謂即發明周子主靜之說可謂補周子之說未流之弊而救其偏亦無不可也故伊川又鄭重而言之曰：「敬則自虛靜不可把虛靜喚做敬」（虛寂之靜固有弊然恆人所患究以紛擾爲多故學道之始宜使之習靜以祛塵累而見本心此非使之入於虛寂也故伊川每見人靜坐輒歎其善學○初學敬時雖須檢點畱意於主一及其後則須自然而然不待勉强否則有作意扴持之時必有遺漏不及檢點之處矣故伊川又謂「忘敬而後無不敬」也○誠敬二字義相一貫蓋誠卽眞實無妄之謂，敬卽守此眞實無妄者而不失之謂也。一有不敬，則私意起私意起卽不誠矣伊川語錄「季明曰腑臟患思慮不定或思一事未了他事如麻又生如何？曰不可此不誠之本也」令人悚然）

致知之說，欲卽事物而求其理頗爲陽明學者所譏亦非今世所謂科學之致知也致知之說亦發自明道語錄：「問不知如何持守？曰：且不盡如陽明學者所營今之好言科學者又頗取其說其實二程所謂致知，未說到持守甚事須先在致知」是也明道訓「致知在格物」之格爲至謂窮理而至於物則物理盡。

七　明道伊川之學

八十九

伊川則訓格爲窮訓物爲理謂格物猶言窮理意亦相同。伊川云：「若只守一個敬，不知集義卻是都無事也。且如欲爲孝不成只守個孝字須知所以爲孝之道所以奉侍當如何溫凊當如何然後能盡孝道也」與後來陽明之說正相反又曰：「學者先要會疑」又曰：「人思如泉涌汲之愈新」又曰：「不深思而得者其得易失」又曰：「問人有志於學然知識蔽錮力量不至則如之何曰只是致知若致知則知識當漸明不曾見人有一件事終思不到也。知識明則力量自進」其視致知之重而勸人以致思如此。明道謂「知至則便意誠。不誠皆知未至耳」伊川曰：「勉強行者安能持久除非燭理明自然樂循理」又曰：「人謂要力行亦只是淺近語人既能知見豈有不能行？」一若行全繫於知既知則行更無難者不獨主陽明之學者訾之卽從常識立論者亦多疑之。然二程之所謂知實非常人之所謂知也。常人所謂知者不過目擊耳聞未嘗加以體驗故其知也淺。二程之所謂知則皆經身驗。而確知其然者也故其知也深。伊川曰：「知有多少般煞有淺深。向親見一人曾爲虎所傷因言及虎神色便變旁有數人見他說虎非不知虎之猛可畏然不如他有畏懼之色蓋眞知虎者也學者深知亦如此且如膾炙貴公子與野人皆知其美然貴人聞著便有欲嗜膾炙之色野人則不然學者須是眞知才知得便泰然行將去也」又曰：「如曾子易簀須要如此乃安人不能若此者只爲不見實理實理得之於心自別若耳聞口道心實不見若見得必不肯安於所不安。」又曰：「古人有捐軀

殯命者若不實見得烏能如此,須是實見得生不重於義生不安於死也,故有殺生成仁者。只是成就一個是而已」。又曰:「執卷者莫不說禮義王公大人皆能言軒冕外物及其臨利害則不知就義理卻就富貴如此者,只是說得不實見」。凡此所謂知者皆身體力行後之真知灼見,非口耳剽襲者比,故伊川謂「聞見之知非德性之知」。而訾世之所謂博學多聞者皆聞見之知也。蓋二程所謂致知者原係且實行且體驗非懸空摸索之謂也。然則其所謂知者實在行之後矣安得以流俗知而不行之知識之哉故曰二程之致知不盡如陽明學者所識也。(知行二者真切言之固亦難分先後然自理論言之固可謂知在先行在後此則人之言語思想不得不然者也伊川謂「譬如行路須是光」即此理。○不知而行,往往有貌是而實非者伊川語錄:「到底須是知了方能行。若不知只是觀了堯學他行事無堯許多聰明睿知怎生得如他動容周旋中禮」是也。○用過此等工夫後自然有真知灼見與常人不同。故小程謂爲人處世聞事無可疑多少快活」也。)至謂二程之致知非今世科學所謂致知者則以其所言多主道德不主知識。明道曰:「良知良能,皆出於天,不係於人人莫不有良知惟蔽於人欲乃亡天德」。伊川曰:「致知在格物,非由外鑠我也我固有之也因物而遷迷而不悟則天理滅矣故聖人欲格之」。其所謂知者可知故伊川又曰:「致知但知止於至善如爲人子止於孝爲人父止於慈之類只務觀物理正如游騎無歸」。又曰:「物我一理,才明彼即曉此合內外之道

也」。此豈今科學所謂知哉？伊川曰：「人道莫如敬未有致知而不在敬者」。又曰：「致知在格物。物來則知起物各付物，不役其知則意誠意誠則心正此始學之事也」明道曰：「目畏尖物此事不得放過須是克下室中率置尖物以理勝他」。有患心疾者見物皆師子伊川教以見即前捕執之無物也久之疑疾遂愈此等致知工夫皆兼力行言之故伊川謂「有恐懼心亦是燭理不明」又謂「克己所以治怨明理所以治懼」。若如尋常人所爲則稍有知識者誰不知鬼魅之不足畏然敢獨宿於墟墓之間者幾人歟故曰二程之致知，非今科學家所謂致知也。

格物之說欲即事物而窮其理。事物無窮即理無窮格之安可勝格然於物有所未格，即於理有所未窮，而知亦有所不致矣。此世之致疑於格物之說之最大端也。雖然此以疑今科學之所謂格物則可若二程所言之格物則其意本主於躬行但須格到此心通曉爲止豈有格盡天下之物之疑哉？（如欲通文字者但須將他人文字讀之至自己通曉爲止豈有盡讀天下文字多不能盡讀之理？）故如此之說實不足以疑二程也。

伊川語錄「或問格物須物物格之，還是格一物而萬物皆知？」曰：「怎生便會該通若只格一物便通衆理，雖顏子亦不能如此須是今日格一件明日格一件積習旣多然後有脫然貫通處」又曰：「自一身之中至萬物之理，但理會得多相次自然豁然有覺處」。所謂脫然貫通豁然有覺雖不能謂其必當於眞理然自吾心言

之,確有此快然自得之境試問今之爲學者,孰敢以其所得爲必確然用力旣深又孰無此確然自信之境乎？故如此之說實不足以難二程也故曰:「所謂窮理者非道須盡窮天地萬物之理又不道是窮得一理便到。只是要積累多後自然見去」(窮理以我爲主故無論何物皆可窮。小程謂「窮理亦多端或讀書講明義理;或論古今人物別其是非。或應事接物而處其當然」是也。惟其然,故不通於此者不妨舍而之彼,小程謂「若於一事思未得且別換一事思之不可專守著這一事蓋人之知識在這裏蔽著雖強思亦不通」是也。然則王陽明格庭前之竹七日而至於病乃陽明自誤不關二程事矣。)

格物窮理皆所以求定性而定性則所以求合乎天則故宋儒於天理人欲之界最嚴。明道曰:「吾學雖有所受天理二字卻是自家體帖出來。」其視之之重可知所謂天理者卽合乎天則之謂也所謂人欲者卽背乎天理之謂也。伊川曰:「視聽言動非禮不爲卽禮卽是理也不是天理便是人欲」又曰:「無人欲卽是天理」可見其界限之嚴矣理學家所謂天理者往往實非天然之則而持之過於嚴酷故爲世人所訾然謂理學家所謂天理者非盡天理則可謂立身行事無所謂當然之理者固不可也伊川曰:「天下之害無不由末之勝也。峻宇雕牆本於宮室酒池肉林本於飲食淫酷殘忍本於刑罰窮兵黷武本於征伐凡人欲之過者皆本於奉養其流之遠則爲害矣先王制其本者天理也後人流於末者人欲也損之義損人欲以復天

理而已。」歷舉各事皆性質同而程度有差者,而其利害,遂至判然殊足使人悚惕也。

統觀二程之學:定性之說與周子之主靜同,識仁一篇與橫渠之正蒙無異所多者,則「涵養須用敬,進學在致知」二語實行之法較周張爲詳耳蓋一種哲學之興其初必探討義理以定其趨向趨向既定則當求行之之方學問進趨之途轍固如是也然二程性質實有不同,其後朱子表章伊川,象山遠承明道遂爲理學中之兩大派焉。

二程格物致知之說既非如流俗所疑,則其與陽明之學之異果何在乎?曰二程謂天則在物,(伊川曰:「物各有則須是止於物。」)陽明謂天則在心此其異點也。參看講陽明之學一篇自明。

篇八　晦菴之學

宋學家爲後人所尊者莫如朱子。朱子於學最宗濂溪及二程。然於其餘諸家亦皆加以研究評論。至其哲學思想則未有出於周、張二程之外者不過研究更爲入細發揮更爲透闢耳。故朱子非宋學之創造家,而宋學之集成者也。(陸子一派僅修養之法與朱子不同哲學思想亦不能出周、張二程之外)

人類之思想可分爲神學玄學科學三時期神學時期恆設想宇宙亦爲一人所創造遂有天主造物黃

土搏人等說此不足論玄學時期則舉認識之物分析之,或以爲一種原質所成,或以爲多種原質所成所謂一元論多元論是也二者相較又以一元論爲較圓滿玄學之說明宇宙至此而止不能更有所進也

宋學家以氣爲萬物之原質與古人同而又名氣之所以然者爲理此爲當時之時代思想,朱子自亦不能外此。

有其然必有其所以然,乃人類思想如此,非事實也。就實際言然與所以然原係一事。故理氣爲二之說,實不如理氣爲一之說之的。然謂氣之外眞有一使氣如此之理則非若明知理氣是一特因人類思想有其然,必推求其所以然因爲假立一名以資推論則亦無所不可。朱子之論理氣卽係如此其所見誠有不如後人瑩澈之處然世之譏之者或竟疑朱子謂氣之外別有所謂理之一物焉則亦失朱子之意已

語類云:「理氣本無先後之可言必欲推其所從來曰須說先有是理。然理又非別爲一物,卽存乎是氣之中。」又云:「天地之間只有動靜兩端循環不已更無餘事此之謂易。而其動其靜則必有所以動靜之理。是則所謂太極者也」(伊川論復卦云:「一陽復於下乃天地生物之心也。先儒皆以靜爲見天地之心蓋不知動之端乃天地之心也」朱子又論之曰「天地以生物爲心者也雖氣有闔闢物有盈虛而天地之心則亘古亘今未始有毫釐之間斷也故陽極於外而復生於內聖人以爲於此可以見天地之心焉蓋其復者氣

也；其所以復者則有自來矣。向非天地之心生生不息，則陽之極也一絕而不復續矣尙何以復生於內，而爲闔闢之無窮乎此則動之端乃一陽之已動者而言之也。」答劉叔文云「所謂理與氣決是二物但在物上看，則二物渾淪不可分開各在一處然不害二物之各爲一物也若在理上看則雖未有物而已有物之理」此皆謂理氣之別出於人之擬議，而非眞有此二物也。（語類云：「太極理也動靜氣也氣行則理亦行。」二者常相依而未嘗相離也當初元無一物只有此理便會動而生陽靜而生陰靜極復動動極復靜」云云最似以理爲實有其物者此等處最易招後人之訾議統觀全體則朱子未嘗以理爲實有一物，在氣之外固彰彰也。（語類又云：「太極非是別爲一物。即陰陽而在陰陽即五行而在五行即萬物而在萬物只是一個理而已」其說固甚明顯已。）

語類：「問天地之氣當其昏明駁雜時理亦隨否曰理卻只恁地只是氣如此，又問：若氣如此，理不如此，則是理與氣相離矣。曰氣雖是理之所生然既生出則理管他不得如這理寓於氣了，日用運用間都由這個氣只是氣强理弱」朱子之意蓋亦如橫渠謂氣之淸虛者無礙無礙則神重濁者有形有形則不免有礙也。如人禀天地之氣以生元依據這個理。然形質既成則其所受之理即不免隨其形質之偏而有昏明之異至此，則理亦不能超乎形氣而自全其善矣所謂「管他不得」也然此固非理之罪所謂「理卻只

又：「可機問：大鈞播物還是一去便休還有去而復來之理曰：一去便休耳豈有散而復聚之氣」此說與伊川「天地之化自然生生不窮更何資於旣斃之形已反之氣」同殊與質力不滅之理相背不免陷於斷絕之譏。

朱子之論陰陽，亦以為同體而異用，與橫渠同語錄曰：「陰陽只是一氣陰氣流行卽為陽陽氣凝聚卽為陰非直有二物相對」是也。

了，又別有個陰生」答楊元範曰：「陰陽只是一氣陽之退便是陰之生不是陽退彼此之分卽可以陰陽名之。）此理朱子亦見及。語類：「統言陰陽只是兩端，而陰中自分陰陽陽中亦有陰陽。乾道成男坤道成女男雖屬陽，而不可謂其無陰女雖屬陰，而不可謂其無陽人身氣屬陽而氣有陰陽血屬陰，而血有陰陽」云云此說殊有神於實用。知此，則知大小善惡等一切皆比較之詞而非有一定之性質。

陰陽亦人之觀念而非實有其物故逐細分析，可以至於無窮。（人非分別不能認識。凡人所認識皆有以臨事不濡固矣。（如人之相處陵人為惡見陵於人為善此通常之論也然世實無陵人之人亦無見陵於人之人視所值而異耳甲強於乙則陵乙，而乙不敢陵甲。則甲為陵人之人，而乙為見陵於人之人然丙弱於

乙,乙又將陵之。丁更強於甲,亦不免陵甲;則甲又爲見陵於人之人,乙又爲陵人之人矣。知此,則知世無眞可信之人,亦無眞可託之國同理亦無眞不可信之人眞不可託之國吾國當日俄戰前羣思倚日以排俄德日戰後又欲結美以攘日近日高唱打倒帝國主義則又不分先後緩急欲舉外人一切排之皆不知此等理誤之也。故哲學思想眞普及則羣衆程度必增高。）

凡言學問,必承認因果。因果者現象界中自然且必然之規律也。此規律,以時間言則不差秒忽以空間言,則不爽豪釐此爲舊哲家所謂數。朱子之思想亦如此。語類云:「有是理便有是氣,有是氣便有是數。」又云:「數者氣之節候」是也。

理學家之所謂理非普通人之所謂理也普通人之所謂理乃就彼所知之事籀繹得之約略言之而已。

至理學家之所謂理,則必貫通萬事而無礙乃足以當之。蓋就知識言之,必於萬事萬物無所不曉而其所知乃眞以行爲言,必其所知旣眞,而所行始可靳其不繆也。此等思想,在今日科學旣明,固已知其徒存虛願然在昔日哲學家之願望固多如是職是故理學家之於物理亦多有格致之功以此雖非急務固亦在其學問之範圍內也。朱子之好學深思實非尋常理學家所及故於物理探索尤勤發明亦多衡以科學固多不足信然自是當時哲學家一種見解;而於其學問宗旨亦多有關係,固不可以不知也。今試略述其說如下:

朱子推想宇宙之生成，亦以陰陽五行之說為本。其言曰：「天地始初混沌未分時，想只有水火二者。水之滓脚便成地。今登高而望羣山皆為波浪之狀便是水泛如此，只不知因甚麼事凝了。初間極軟後方凝得硬。問想得如潮水湧起沙相似？曰：然。水之極濁便成地，火之極清便成風雲雷電日星之屬。」又曰：「大抵天地生物先其輕清以及重濁。天一生水，地二生火，二物在五行中最輕清，金木重於水火土又重於金木。」又論水火木金土之次曰：「竊謂氣之初溫而已。溫則蒸溽，蒸溽則條達，條達則堅凝，堅凝則有形質，五者雖一有俱有然推其先後之序理或如此。」又曰：「天地初開只是陰陽之氣。這一個氣運行磨來磨去磨得急了，便榨許多渣滓裏面無處出便結成個地在中央。氣之清者便為天為日月為星辰只在外常周環運轉地便在中央不動不是在下。」又曰：「晝夜運而無息便是陰陽之兩端。其四邊散出紛擾者便是游氣生人物之萬殊。如磨麫相似其四邊只管層層散出。天地之氣運轉無已只管層層生出人物。其中有粗有細如人物有偏有正。」朱子設想宇宙之生成如此。

又推想宇宙之毀壞。其見地亦與舊說所謂渾沌者同。語類：「問天地會壞否？曰：不會壞。只是相將人無道極了便一齊打合混沌一番人物都盡。此所謂不壞者卽是壞。但不斷絕了。」「或問：天地壞也不壞？曰：既有

形氣，如何不壞？但一個壞了，便有一個生得來。凡有形有氣無不壞者，壞已復生，不知其極。天地亦不能不壞，壞已不能不生氣之作用如此。」又曰：「萬物渾淪未判，陰陽之氣混合幽暗及其旣分中間放得開闔光朗，而兩儀始立。卻康節以十二萬九千六百年為一元，則是十二萬九千六百年之前又是一個大開闔更以上亦復如此。眞是動靜無端陰陽無始小者大之影只晝夜便可見。五峯所謂一氣大息震蕩無垠海宇變動山川勃湮人物消盡舊迹大滅是謂鴻荒之世嘗見高山有螺蚌殼或生石中此石卽舊日之土螺蚌卽水中之物下者卻變而為高柔者卻變而為剛」其深信物理規則又謂「雖壞而不斷絕」云「有形有氣無不壞者天地亦不能不壞壞已不能不生」則其說雖置之認識論中亦無病矣。

生物之始，朱子亦以意言之。語類：「問初生第一個人時如何？曰以氣化二五之精合而成形釋家謂之化生。如今物之化生者甚多如蝨然」又曰「生物之初陰陽之精自凝結成兩個一牝一牡後來卻從種子漸漸生去便是以形化」

張子以鬼神為二氣之良能，程子以鬼神為造化之迹朱子則兼取其說。語類：「問近思錄既載鬼神者造化之迹又載鬼神者二氣之良能似乎重了？曰造化之迹是日月星辰風雨之屬二氣良能是屈伸往來之理」又曰：「且就這一身看自會笑語有許多聰明知識這是如何得恁地？虛空之中忽然有風有雨忽然有

雷有電這是如何得恁地？這都是陰陽相感都是鬼神看得到這裏見得到一身只是個軀殼在這裏內外無非天地陰陽之氣。如魚之在水外面水便是肚裏面水鰻魚肚裏水與鯉魚肚裏水一般」又曰：「以二氣言則鬼者陰之靈也；神者陽之靈也。以一氣言則至而伸者爲神反而歸者爲鬼日自午以前是神午以後是鬼。月自初三以後是神十六以後是鬼草木方發生來是神彫殘衰落是鬼人自少至壯是神衰老是鬼鼻息呼是神吸是鬼。」如此則宇宙之間一切現象無非鬼神矣故曰：「以功用謂之鬼神以妙用謂之神。」

如此則所謂鬼神初不足怪亦不必以爲無何則？不足怪自不待以爲無也。朱子論世俗所謂鬼神怪異者曰：「雨露風雷日月晝夜此鬼神之迹也此是白日公平正直之鬼神若所謂有嘯於梁觸於胸也問伊川言鬼神造化之迹此豈亦造化之迹乎？曰皆是也若論正理則似樹上忽生出花葉此便是造化之迹又如空中忽然有雷霆風雨皆是也但人所常見故不之怪。忽聞鬼嘯鬼火之屬則便以爲怪不知此亦造化之迹不正邪暗或有或無或去或來或聚或散者又有所謂禱之而應祈之而獲此亦所謂鬼神同一理也問伊川不正邪暗或有或無或去或來或聚或散者又有所謂禱之而應祈之而獲此亦所謂鬼神同一理也。」又曰：「如起風做雨打雷閃電花生花結非有神而何自不察耳才說見鬼神事便以爲怪世間自有個道理如此不可謂無特非造化之正耳此爲得陰陽不正之氣不須驚惑所以夫子不語怪以其明有此事特不語耳。南軒說無便不是」此等說今日觀之未爲得當然在當日無實驗科學可

據;而自古相傳之說其勢方盛勢難遽斷爲無故雖有哲學思想者,於神怪之說,亦多認其有,而以物理釋之。(如王仲任卽其人也)其說雖未得當然其務以平易可據之理解釋奇怪不可思議之事則固學者所有事而與恆人不同者也。

理學家之論鬼神如此其說,與世俗「人死爲鬼,一切如人,特有形無質」之見,最不相容自理學家之論推之可決世俗所謂鬼神者爲無有然古代書籍固多以鬼爲有,宋儒最尊古者也其敢毅然決此藩籬乎?曰:朱子固能之矣此說也見於朱子答廖仲晦之書廖氏原書曰:「德明平日鄙見未免以我爲主蓋天地人物統體只是一性死豈遽亡?夫水有所激與所礙則成漚正如二氣闔闢不已妙合而成人物。夫水固水也漚亦不得不謂之水特其形則漚滅則還復是本水也人物之生雖一形具一性及氣散而滅還復統體是一而已豈復分別是人是物之性所未者正惟祭享一事推之未行,若以爲果饗耶神不欲非類大有界限與統體還一之說不相似若曰饗與不饗蓋不必問,但報本之道不得不然而詩書卻明言神嗜飲食祖考來格之類則又極似有饗之者竊謂人雖死無知覺知覺之原仍在此以誠感彼以類應若謂盡無知覺之原只是一片大虛寂則斷滅無復實然之理亦恐未安君子曰終小人曰死則智愚於此亦各不同故人不同於鳥獸草木愚不同於聖雖以爲公共道理然人須全而歸之,然後足以安吾之死不然則人何用求至聖賢?

何用與天地相似？倒行逆施均於一死而不害其為人是真與鳥獸禽魚俱壞憒不知其所存也。」廖氏之說，即以所謂鬼者自理論推之不能有然古書明言其有不敢決其為無因而曲生一解以為人死仍有其知覺之原，疑然具在不與大化為一雖與世俗之見異實仍未脫乎世俗之見之曰窠也。朱子答之曰：「賢者之見，所以不能無失者正坐以我為主以覺為性爾夫性者理而已矣乾坤變化萬物受命雖稟得我之非有我之所得私也所以反身而誠盡其所得乎己之理則知天下萬物之理初不外此非謂盡得我之知覺則乘人之知覺皆是此物也性只是理不可以聚散言其聚而生散而死者氣而已矣所謂精神魂魄，有知有覺者皆氣之所為也故聚則有散則無若理則初不為聚散而有無也但有是理則有是氣苟氣聚乎此則其理亦命乎此耳不得以水漚比也鬼神便是精神魂魄程子所謂天地之功用造化之迹張子所謂二氣之良能皆非性之謂也故祭祀之禮以類而感以類而應若性則又豈有類之可言邪？然氣之已散者既化而無有矣其根於理而日生者則固浩然而無窮也。上蔡謂我之精神即祖考之精神蓋謂此也豈曰一受其成形則此性遂為吾有雖死而猶不滅截然自為一物藏乎寂然一體之中以俟夫子孫之求而時出以饗之邪？必如此說則其界限之廣狹安頓之處所必有可指言者且自開闢以來積至於今其重併積疊計已無地之可容矣。是又安有此理邪？且乾坤造化如大洪鑪人物生生無少休息是乃所謂實然之理不憂其斷滅也。今

乃以一片大虛寂目之，而反認人物已死之知覺謂之實然之理，豈不誤哉？又聖賢所謂歸全安死者，亦曰：失其所受乎天之理則可以無愧而死耳，非以爲實有一物可奉持而歸之，然後吾之不斷不滅者得以晏然安處乎冥漠之中也。夭壽不貳修身以俟之，是乃無所爲而然者，與異端爲生死事大無常迅速，然後學者正欲其亡因之強執死後仍有一無體質而有精神之我純是虛說。如此則既無天堂可歆亦無地獄可怖；而猶力求不愧不怍全受全歸，可謂無所爲而爲之。其情感或不如信教者之熱其動機則較之信教者高尚多矣。然宋學所以僅能爲哲學而不能兼神教之用者亦以此。（古書所謂有鬼者，自係世俗迷信之談，以理學家之理釋之無論如何，無有是處。朱子答吳伯豐書曰：「吾之此身，卽祖考之遺體，祖考之所以爲祖考者具於我而未嘗亡也，是其魂升魄降雖已化而無有然理之根於彼者既無止息氣之具於我者復無間斷吾能致精竭誠以求之此氣既純一而無所雜則此理自昭著而不可掩此其苗脈之較然可覩者也。上蔡云三日齋七日戒求諸陰陽上下只是要集自家之精神蓋我之精神卽祖考之精神在我者既集卽是祖考之來格也」此說雖勉強調和然幾於卽以生人之精神爲鬼神矣）

然朱子之說雖妙,而謂氣聚則有,散則無又謂氣之已散者化而無有,根於理而日生者,浩然無窮;殊與質力不滅之理相背而與其大鈞播物一去便休之說同病信伊川大過致之也。語類「橫渠說形潰反原以為人生得此個物事旣死此個物事卻復歸大原去又從裏面抽出來生人。如一塊黃泥旣把來做彈子了;卻依前歸一塊裏面去又做個彈子出來。伊川便說是不必以旣死之氣爲方伸之氣。若以聖人精氣爲物游魂爲變之語觀之,則伊川之說爲是又從大原裏面發出來」此二說者比而觀之,不必科學亦不必森嚴之論理卽以常識推斷亦覺張子之說爲是以張子能泯有無之見而小程不然也。而朱子顧以程子之說爲是何哉?蓋由先存一關佛之見故有此藏。語類又曰:「釋氏謂人死爲鬼鬼復爲人如此,則天地間只是許多人來來去去更不由造化生生都廢卻無此理也」此朱子所以不信横渠之說也殊不知所謂生生只是變化並非自無出有輪迴之說,實較伊川之言爲合於論理也。

朱子旣有此藏故於有無聚散分別不甚清楚其論鬼神皆煥然語類:「問人死時這知覺便散否曰:不是散,是盡了氣盡則知覺亦盡」又曰:「神祇之氣常屈伸而不已人鬼之氣則消散而無餘矣。其消散亦有久速之異人有不伏其死者所以旣死而此氣不散,爲妖爲怪;如人之凶死及僧道旣死多不散者聖賢則安於死豈有不散而爲神怪者乎」又曰:「死而氣散泯然無迹者是其常道理惡地有託生者是偶然聚得氣不

散，又怎生去湊著那生氣便再生然非其常也。」又曰：「氣久必散，人說神仙一代說一項，漢世說甚安期生。至唐以來則不見說了。又說鍾離權呂洞賓而今又不見說了。看得來他也養得分外壽考然終久亦散了。」又曰：「為妖孽者多是不得其死其氣未散若是尪羸病死的人這氣消耗盡了方死豈復更鬱結成妖孽然不得其死者久之亦散如今打麵做糊中間自有成小塊核不散底久之漸漸也自會散」麵糊中小塊核可云散而不可云無，朱子未之思也。（朱子之意蓋以尚有形迹者為散豪無形迹即尋常人所謂空者為無然此說殊誤也。）

朱子論人，則以為魄屬鬼氣屬神其說曰：「人之語言動作是氣屬神精血是魄屬鬼發用處皆屬陽，是神氣定處皆屬陰是魄知識處是神記事處是魄人初生時氣多魄少後來魄漸盛到老魄又少所以耳聾目昏精力不強記事不足」此據陰陽立說也又據五行謂水是魄火是魂以左氏有「人生始化曰魄既生魄陽曰魂」之語也因謂人有魄而後有魂故「魄為主為幹」（案此與卲子「陽有去而陰常居」之說合）又謂人「精神知覺皆有魄後方有」引周子「形既生矣神發知矣」之說為證（周子之意似不謂形神有先後）又有取於釋氏地水火風之說謂火風是魂地水是魄人之暖氣是火運動是風皮肉屬地涕唾屬水魂能思量記度運用作為魄則不能故人之死也風火先散則不能為祟」皆據舊說推度而已矣。

朱子論性，亦宗程子「論性不論氣不備論氣不論性不明」之說。其所以謂論性不論氣不備者，蓋以確見人及禽獸其不善確有由於形體而無可如何者也。語類曰：「論萬物之一原，則理同而氣異，觀萬物之異體，則氣猶相近，而理絕不同（謂萬物已稟之而為性之理也）氣相近如知寒暖識饑飽好生惡死趨利避害人與物都一般。理不同，如蜂蟻之君臣只是他義上有一點子明；虎狼之父子只是他仁上有一點子明；其他更推不去大凡物事稟得一邊便占了其他的。如慈愛的人少斷制斷制之人多殘忍。蓋仁多便遮了那義義多便遮了那仁」（案此即無惡只有過不及之說）又曰「惟其所受之氣只有許多故其理亦只有許多。如犬馬他這形氣如此故只會得如此事。」此猶今之主心理根於生理者謂精神現象皆形體之作用也。惟其然也故朱子謂人確有生而不善者欲改之極難今思量要做不好事如蛇虺相似只欲咬人他有甚麼發得善處」朱子之見解如此故曰「人之為學卻是要變化氣質然極難變化」也。此等處朱子以為皆從氣質上來。蓋朱子以全不著形跡者為理，而謂性即理則性自無可指為不善語類曰「氣之精英者為神金木水火土非神所以為金木水火土者是神在人則為理所以為仁義禮智信者是也」又曰「人生而靜以上即是

一百七

人物未生時人物未生時，只可謂之理，說性未得此所謂在天爲命也才謂之性，便是人生以後此理已墮在形氣之中不全是性之本體矣。夫如是，則所謂性者全與實際相離只是一可以爲善之物又安得謂之不善，故朱子將一切不善悉歸之於氣也氣何以有不善？朱子則本其宇宙觀而爲言曰:「人所稟之氣雖皆是天地之正氣然滾來滾去便有昏明厚薄之異」又曰:「天地之運萬端而無窮。日月清明氣候和正之時人稟此氣則爲清明渾厚之氣，須做個好人。若是日月昏暗寒暑反常，皆是天地之戾氣人若稟此氣則爲不好的人。」此朱子謂氣不盡善之由也。「性無氣質卻無安頓處」自朱子觀之，旣落形氣之中，無純粹至善者。

（或問氣淸的人自無物欲曰:也如此說不得口之欲味耳之欲聲人人皆然雖是稟得氣淸才不檢束便流於欲去。）若不兼論形氣則將誤以人所稟之性爲純善而昧於其實在情形矣。此所謂論性不論氣不備也。

其謂論氣不論性不明者則以天下雖極惡之人，不能謂其純惡而無善抑且所謂惡者本非惡特善之發而不得其當者耳朱子論「惡亦不可不謂之性」曰:「他源頭處都是善，因氣偏，這性便偏了。然此處亦是性，如人渾身都是惻隱而無羞惡都羞惡而無惻隱這個便是惡德。這個喚做性邪？不是？如墨子之性本是惻隱。孟子推其弊到得無父處，便是惡性也。」然則論氣不論性不但不知惡人之善處，幷其惡性質亦無由而明矣。夫猶是善性也所以或發而得其當或發而不得其當者形質實爲之累此所謂

論性不論氣不備雖發不得當,而猶是可以發其當之物,則可見性無二性,理無二理。故語類譬諸隙中之日謂「隙之大小長短不同然其所受卻只是此日」又謂「蔽錮少者發出來天理勝,蔽錮多者發出來私欲勝,便見本原之理無有不善」也此而不知其同出一原則於性之由來有所誤會矣此所謂論氣不論性不明也。

善惡既同是一性;所謂惡者,特因受形氣之累而然。夫形氣之累,乃後起之事;吾儕所見,雖皆既落形氣之性,然性即是理不能謂理必附於形質猶水然置諸欹斜之器則其形亦欹斜不能因吾儕只見欹斜之器遂謂水之形亦欹斜也故世雖無純善之性,而論性則不得不謂之善也。

性既本善而形氣之累,特後起之事則善為本質而不善實非必然故曰:「人生都是天理。人欲卻是後來沒把鼻生底」此說實與釋氏真如無明之說消息相通可參看第二篇。(朱子所謂善者,不外本性全不受形氣之累。而不然者則所謂天理。而不然者則所謂人欲也。所謂天理者,乃凡事適得其當之謂此即周子之所謂中。朱子曰:「有個天理便有個人欲。蓋緣這天理須有個安頓處才安頓得不恰好便有人欲出來」安頓得恰好即周子所謂中守此中而勿失則周子所謂靜也。故朱子之學實與周子一脈相承者也。〇安頓得恰好者?朱子曰:「飲食天理也。要求美味人欲也」設喻最妙)

朱子論性之說如此。蓋其所謂善者標準極高非全離乎形氣，不足以當之，故其說如此。因其所謂標準極高，故於論性而涉及朱子之所謂氣者，無不加以駁斥；而於程張氣質之說，子性卽理之言極稱其有功於聖門，有補於後學。蓋論性一涉於氣質，卽不免雜以人欲之私，不克與朱子之所謂善者相副；而朱子之所謂性者實際初無其物，非兼以氣質立論將不能自圓其說也。（朱子評古來論性者之說謂「孟子恐人謂性元來不相似遂於氣質內挑出天之所命者說性無有不善不曾說下面氣質故費分疏。荀子只見得不好底。揚子又見得半上半下底。韓子所言卻是說得稍近惜其少一氣字性則不好。」「氣質之說起於張程極有功於聖門，有補於後學」又謂「程先生論性只云凡言性不同者皆冰釋矣。」「氣質之說起於張程，極有功於聖門，有補於後學。」○朱子之堅持性卽理也豈不是見得明眞有功於聖門。」○朱子之堅持性卽理而力闢混氣質於性，亦由其欲闢佛氏而然故曰「大抵諸儒說性多說着氣。如佛氏亦只是認知覺作用爲性。」知覺作用固朱子所謂因形氣而有者也）

人之一生兼備理氣二者其兼備之者實爲心。故朱子深有取於橫渠「心統性情」之說以爲顚撲不破。又詳言之曰「性者心之理情者性之動心性情之主」又曰：「心如水，情是動處愛卽流向去處。」又以「心譬之曰：「心爲大極心之動靜爲陰陽。」孟子所謂四則水之波瀾」（又曰：「心如水性猶水之靜情則水之流欲端朱子謂之情曰：「性不可言所以言性善者只看惻隱辭遜四端如見水流之淸則知源頭必淸矣。」心兼

動靜言，則動靜皆宜致養。故朱子曰：「動靜皆主宰，非靜時無所用，至動時方有主宰。」又謂「惟動時能順理則無事時能靜，則動時得力須是動時也做工夫，靜時也做工夫也」

朱子論道德亦以仁為最大之德靜為求仁之方。其仁說謂「仁者仁之本體禮者仁之節文。義者仁之斷制。知者仁之分別信以見仁義禮智實有此理必先有仁然後有義禮智故以先後言之，則仁為大小言之則仁為大。」又謂「明道聖人以其情順萬物而無情說得最好」（語類曰：「動時靜便在這裏順理而應則雖動亦靜不順理而應則雖塊然不交於物亦不能得靜。」順理而應即所謂以其情順萬物而無情也。）至於實行之方則亦取伊川「涵養須用敬進學在致知」二語而於用敬則提出求放心三字；於致知則詳言格物之功實較伊川言之，尤為親切也。

龜山門下以「體認大本」為相傳指訣謂執中而勿失自有中節之和。朱子以為少偏謂「才偏便做病道理自有動時自有靜時學者只是敬以直內義以方外見得世間無處不是道理。不可專要去靜處求所以伊川謂只用敬不用靜便說平也。」又云：「周先生只說一者無欲也這話頭高卒急難湊泊尋常人如何便得無欲？故伊川只說個敬字教人只就這敬字上捱去庶幾執捉得定有個下手處要之皆只要人於此心上見得

中庸曰：「喜怒哀樂之未發謂之中發而皆中節謂之和中也者天下之大本也和也者天下之達道也」

一百十一

分明,自然有得爾。然今之言敬者,乃皆裝點外事,不知直截於心上求功。逐覺累墜不快活。不若眼下於求放心處有功則尤得力也」此朱子主敬之旨也〇又曰「敬有死敬有活敬若只守著主一之敬遇事不濟之以義而不活。熟後敬便有義義便有敬靜則察其敬與不敬動則察其義與不義敬義夾持循環無端則內外透澈〇

其論致知,則盡於大學補傳數語。其言曰:「人心之靈,莫不有知。而天下之物,莫不有理惟於理有未窮,故其知有不盡也。是以大學始教必使學者,即凡天下之物,莫不因其已知之理而益窮之以求至乎其極。至於用力之久,而一旦豁然貫通焉。則衆物之表裏精粗無不到;而吾心之全體大用,無不明矣。」此數語謂理不在心而在物最為言陽明之學者所詆譽然平心論之,實未嘗非各明一義。至於致知力行,朱子初未嘗偏廢謂朱子重知而輕行,尤誣詆之辭也今摘錄語類中論知行之語如下

語類曰:「動靜無端,亦無截然為動為靜之理。且如涵養致知,亦何所始謂學莫先於致知,是知在先。又曰:未有致知而不在敬者則敬亦在先從此推去只管恁地。」是朱子初未嘗謂知在先行在後也又曰「自家若得知是人欲蔽了,便是明處只這上便緊緊着力主定一面格物」是朱子實謂力行致知當同時並進也又曰「而今看道理不見不是不知只是為物塞了。而今粗法須是打疊了胸中許多惡雜方可」則幷謂

治心在致知之前矣又曰:「方其知之而未及行之,則知尚淺既親歷其域,則知之益明,非前日之意味。」則知必有待於行,幾與陽明之言,如出一口矣。又朱子所謂格物致知乃大學之功,其下尚有小學一段工夫論朱子之說者,亦不可不知。朱子答吳晦叔曰:「夫泛論知行之理,而就一事以觀之,則知之爲先行之爲後,無可疑者然合夫知之淺深行之大小而言,則非有以先成乎其小亦將何以馴致乎其大者哉?蓋古人之教:自其孩幼而教之以孝悌誠敬之實及其少長而傳之以詩書禮樂之文;皆所以使之即夫一事一物之間,各有以知其義理之所在,而致涵養踐履之功也及其十五成童,學於大學則其灑掃應對之間禮樂射御之際所以涵養踐履之者,略已小成矣。於是不離乎此,而教之以格物以致其知焉。致知云者,因其所已知者推而致之以及其所未知者而極其至也。今就其一事之中而論之,則先知後行,固各有其序矣。誠欲因夫小學之成以進乎大學之始則非涵養踐履之有素,亦豈能以其雜亂紛糾之心而格物以致其知哉?故大學之書雖以格物致知爲用力之始然非謂初不涵養踐履而直從事於此也;又非謂物未格知未至,則意可以不誠心可以不正身可以不脩家可以不齊也若曰:必俟知至而後可行,則夫事親從兄承上接下,乃人生所不能一日廢者豈可謂吾知未至,而暫輟以俟其至而後行之哉」讀此書而朱子於知行二者無所輕重先後,可以曉然矣。

偏重於知之說，朱子亦非無之。如曰：「講得道理明時，自是事親不得不孝，事兄不得不弟，交朋友不得不信」論前人以黑白豆澄治思慮（起一善念則投一白豆於器中，起一惡念則投一黑豆於器中）曰：「此則是個死法，若更加以讀書窮理底工夫則去那般不正底思慮何難之有？」皆以為知即能行。（惟此所謂知者亦非全離於行必且力行且體驗乃能知之）蓋講學者大抵係對一時人說話。陽明之時理學既已大行，不患此理之不明，惟患知之而不能有之於己，故陽明救以知行合一之說。若朱子之時，則理學尚未大行，知而不行之弊未著，惟以人之不知為患，故朱子稍側重於知，此固時代之異，不足為朱子之諱，不肯有所偏重。朱子、王子未必不易地皆然也。讀前所引朱子論知行之說正可見大賢立言之四平八穩，不容為朱子耳。（在今日觀之，或以為不免偏重然在當日則已力求平穩矣。凡讀先賢之書皆然亦不獨朱子也。）

以上為朱子學說之大略，其與他家辯論之語，別於講他家之學時詳之。

朱子之不可及處，實在其立身之剛毅進學之勇猛。今錄其言之足資激發者如下，俾學者知所矜式焉。

語類曰：「事有不當耐者豈可常學耐事，學耐事其弊至於苟賤不廉。學者須有廉隅牆壁便可擔負得大事去。如子路世間病痛都沒了，親於其身為不善者不入此大者立也」又曰：「恥有當忍者，有不當忍者，今有

一樣人不能安貧其氣錯屈以至立腳不住亦何所不至因舉呂舍人詩云：「逢人即有求所以百事非。」又曰：「學者常常以志士不忘溝壑爲念則道理重而計較死生之心輕矣況衣食至微末事，不得亦未必死亦何用犯義犯分役心役志以求之邪？某觀今人因不能咬菜根而至於違其本心者衆矣可不戒哉惟君子然後知義理之必當爲與義理之必可恃利害得失旣無所入於其心而其學又足以應事物之變是以氣勇謀明，無所懾憚不幸蹉跌死生以之小人之一切反是」答劉季章曰：「天下只有一理此是卽彼非卽彼是，不容並立故古之聖賢心存目見只有義理都不見有利害可計較日用之間應事接物直是判斷得直截分明。而推以及人吐心吐膽亦只如此，更無回互若信得及，卽相與俱入聖賢之域若信不及，卽在我亦無爲人謀而不盡的心。而此理是非昭然明白今日此人雖信不及，向後他人須有信得及底非但一人之計也若如此所論則在我者未免視人顏色之可否以爲語默只此意思何由能使彼信得及乎以上數條皆足見朱子立身之剛毅國有道不變塞焉國無道之死不變眞足使貪夫廉儒夫有立志也其論進學之語云：「書不記，熟讀可記。義不精，細思可精。惟有志不立直是無著力處只如而今貪利祿而不貪道義要作貴人而不要作好人皆是志不立之病直須反覆思量究見病痛起處勇猛奮躍不復作此等人。一躍躍出見得聖賢所說，千言萬語都無一事不是實語方始立得此志就此積累工夫迤邐向上去大有事在」又曰：「直須抖擻精

神,莫要昏鈍如救火治病然豈可悠悠歲月?」又曰:「學者讀書須是於無味處致思,至於羣疑並興,寢食俱廢,乃能驟進。因歎驟進二字最下得好須是如此若進得些子,或進或退若存若亡,不濟事如用兵相殺爭得些兒,小可一二十里地也不濟事須大殺一番方是善勝。」以上數條,皆足見朱子進學之勇猛亦能玩時愒日者讀之悚然汗下固知一代大儒其立身行己必有異於尋常人之處也凡我後學可不懷見賢思齊之念哉?

篇九 象山之學

一種學問必有其興起之時亦必有其成熟之時興起之時往往萬籟爭鳴衆源並發至成熟之時則漸匯爲一二派北宋之世蓋一種新哲學與起之時南宋之世則漸就成熟之時也其時講學有名者乾淳三先生而外當推陸象山乾淳三先生呂之學較粗其後遂流爲永嘉、永康兩派雖可謂獨樹一幟然在宋代學派中不過成割據之局南軒之學與朱子大同並不能獨樹一幟(南軒亦主居敬窮理惟稍側重於居敬耳其說謂「必先從事於敬使人欲寖除乃可以言格物否則辨擇於發見之際恐不免於紛擾」案此等議論朱子亦非無之朱子謂「南軒伯恭之學皆疏略南軒疏略從高處去伯恭疏略從卑處去」蓋謂其操持之功

稍欠。至其學問宗旨則無甚異同也。）其與朱學對峙，如晉楚之爭霸中原者，則象山而已。

朱子謂「上蔡之說一轉而為張子韶，張子韶一轉而為陸子靜」又謂「上蔡說仁說覺分明是禪。」

又云：「如今人說道愛從高妙處說便入禪去自上蔡以來已然」又謂「明道說話渾淪然太高學者難看」

又云：「程門高第如謝上蔡游定夫楊龜山稍皆入禪學去必是程先生當初說得高了，他們只睜見上一截，少下面著實工夫故流弊至此。」然則象山之學實遠承明道。（象山不甚稱伊川，而稱明道處極多。）蓋道理自有此兩派，至南宋衆流漸匯時朱陸各主其一也（上蔡以有知覺痛癢為仁。又曰：「桃杏之核為種而生者謂之仁言有生之意。」又曰「堯舜湯武事業只是與天理合一幾曾做作蓋世的功業，如太空中一點雲相似他把做甚麼？」說省極似象山然實自明道識仁定性篇出）

朱陸之異象山謂「心卽理」朱子謂「性卽理」而已。惟其謂性卽理而心統性情也故所謂性者雖純粹至善，而所謂心者，則已不能離乎氣質之累，而不免雜有人欲之私惟其謂心卽理也故萬事皆具於吾心吾心之外更無所謂理理之外更無所謂事一切工夫只在一心之上二家同異後來雖枝葉繁多而溯厥根源則惟此一語而已。

象山年譜云：「象山三四歲時思天地何所窮際不得，至於不食父呵之，乃姑置，而胸中之疑終在後十

餘歲讀書至宇宙二字，解者曰四方上下曰宇，往古來今曰宙。忽大省曰：元來無窮人與天地萬物，皆在無窮之中者也。乃援筆書曰：宇宙內事乃己分內事，己分內事乃宇宙內事。又曰：宇宙便是吾心吾心卽是宇宙東海有聖人出焉此心同此理同也西海有聖人出焉此心同此理同也南海北海有聖人出焉此心同此理同也千百世之上有聖人出焉此心同此理同也千百世之下有聖人出焉此心同此理同也」象山之攝萬有於一心自小時已然矣。

惟其然也故象山之學極爲「簡易直截」（此陽明稱之之語）其言曰：「道徧滿天下無些小空闕。四端萬善皆天之所予不勞人妝點但是人自有病與他相隔了」此言人心之本善也又曰「此理充塞宇宙。所謂道外無事事外無道舍此而別有商量別有趨向別有規模別有形迹別有事功則與道不相干」則是異端則是利欲謂之陷溺謂之曰窠說只是邪說見只是邪見」此言欲做工夫惟有從事於一心也又曰「涓涓之流積成江河泉源方動雖只有涓涓之微卻有成江河之理若能不舍晝夜如今雖未盈科將來自盈科如今雖未放乎四海將來自放乎四海然學者不能自信見夫標末之盛者便自荒忙舍其涓涓而趨之卻自壞了曾不知我之涓涓雖微卻是眞彼之標末雖多卻是僞恰似儋水來其涸可立而待也」此言從事於此一途者之大可恃也。象山嘗曰：「余於踐履未能純一然才自警策便與天地相似。」又語學者：

一百十八

「念慮之不正者，頃刻而知之，卽可以正念慮之正者，頃刻而失之，卽可不正」又謂：「我治其大而不治其小，一正則百正」誠不愧簡易直截矣。

象山之學實陽明所自出故其言有極相似者如曰：「人精神在外，至死也勞攘。須收拾作主宰。收得精神在內當惻隱卽惻隱當羞惡卽羞惡；誰欺得你誰瞞得你」居象山多告學者曰「汝耳自聰目自明，事父自能孝事兄自能弟本無欠闕不必他求在自立而已」皆與陽明如出一口

象山之學以先立乎其大者爲主故於傍人門戶無所自得者深鄙視之於包藏禍心作僞於外者尤所痛絕其言曰：「志於聲色貨利者固是小剿摸人之言語者與他一般是小」又曰：「學者須是打疊田地淨潔然後令他奮發植立若田地不淨潔，則奮發植立不得，亦讀書不得若讀書則是藉寇兵資盜糧」象山非謂不當讀書亦非謂不當在事上磨練特如吾儕今日之居心則自象山視之皆不足讀書亦不足磨練者耳。

所謂先立乎其大者也。

象山與陽明，學皆以心爲主故有心學之稱。凡從事於心學者其於外務必較疏自省之功則較切其能發覺心之病痛亦較常人爲深故其言多足發人深省象山策勵人之語曰：「要當軒昂奮發莫恁地沉埋在卑陋凡下處。」又云「兢兢終日營營無超然之意須是一刀兩斷何故營營底討個甚麼？」此等

篇九 象山之學

一百十九

語，真是暮鼓晨鐘，令吾輩日在世情路上討生活者，悚然汗下矣。陸子之訪朱子於南昌也，朱子請登白鹿洞講席，講君子喻於義一章。後刻其文於石。其言曰：「此章以義利判君子小人，辭旨曉白，然讀之者苟不切己觀省，亦未能有益也。某平日讀此，不無所感。竊謂學者於此，當辨其志。人之所喻，由其所習；所習由其所志。志乎義，則所習者必在於義，所習在義，斯喻於義矣。志乎利，則所習者必在於利，所習在利，斯喻於利矣。故學者之志，不可不辨也。科舉取士久矣，名儒巨公皆由此出。今為士者固不能免此。然場屋之得失，顧其技與有司好惡如何耳，非所以為君子小人之辨也。而今世以此相尚，使汩沒於此，而不能自拔，則終日從事者，雖曰聖賢之書，而要其志之所鄉，則有與聖賢背而馳者矣。推而上之，則又惟官資崇卑，祿廩厚薄是計，豈能悉心力於國事民隱，以無負於任使之者哉？從事其間，更歷之多，講習之熟，安得不有所喻？顧恐不在於義耳。誠能深思是身不可使之為小人之歸，其於利欲之習，怛焉為之痛心疾首，專志乎義而日勉焉博學審問慎思明辨而篤行之。由是而進於場屋，其文必皆道其平日之學胸中之蘊，而不詭於聖人。由是而仕，必皆供其職勤其事心乎國，心乎民而不為身計。其得不謂之君子乎？」此文滑口讀過，亦只平平細思之，真乃一棒一條痕，一摑一掌血。宜乎朱子謂其「切中學者隱微深痼之病」而能令聽者悚然動心至於泣下也。夫鈞是人也，或為大人或為小人何也？流俗不察或曰：是地位為之，遭際為之，斯固然也。然人即至貧至賤必有可以自畜

之途。何以并此而不能爲？解之者或曰：人固有智愚賢不肖之不同，天限之也。斯固然也。然尚論古人，縱觀立世，或則立德，或則立功，或則立言，其天資高於我者固多，才智僅與我等者亦自不乏，而何以彼有成而我無成？解者將曰：彼學焉我未嘗學，彼學我何以不學？流俗或又將曰：地位爲之，遭際爲之。然則我之地位我之遭際，果所成就者必止於我之今日而我之所以自靖者已豪髮無遺憾乎？無論何人不敢應曰：然也。推論至此，則圖窮而匕首見矣。志爲之也。天下儘有在同一境地中，彼之所見此則不見，彼之所聞者否則同在一學校中所讀之書同也所師所友亦相同，因天資之高下，學業成就，有淺深大小可也；而何以或爲聖賢或爲豪傑或爲中庸或且入於下流哉？無他。初則好惡不同，因好而趨之因惡而去之，久之則所趨者以習焉而愈覺其便安，雖明知其非而不能去甚或入鮑魚之肆久而不知其臭。所惡者以不習焉而日益荆棘，知其善亦無由自奮以趨之也。此則陸子所謂所喻由其所習，所習由其所志者也。人徒見兩方向相反之線引而愈遠，而惡知其始之發自一點哉？吾儕今日所志果何如乎？誠有如陸子所謂爲聖賢之志者乎？抑亦如陸子所謂從事聖賢之書而志之所向，則與聖賢背馳者乎？由前之說，則即陸子所謂才自警策便與天地相似者何善如之？由後之說，則豈徒不能上進爲聖賢，誠恐如陸子所云更覺愈多講習愈熟所喻愈深而去聖賢且益遠也。可不懼哉？

工夫旣惟在一心,則從事於學者首須將「田地打掃潔淨」然此事最難。陸子曰:「人心只愛去泊著事。敎他棄事時,如猢猻失了樹更無住處」又曰:「內無所累外無所累自然自在才有一些子意便沈重了。」(恆人所好不越聲色貨利名位之私終日泊著事,則將如羈雞之終日營營無超然之意矣。凡事根株盡絕最難,世非無自謂能超然於利欲之外者,然試一自檢勘果能無一些子意,而免於陸子所謂沉重之患者乎?不可不深自省也)謂此義也。然此自謂不可牽累於物欲,至於心地澄澈然後去理會事物,則非徒無害,抑且有益。所謂「大綱提掇來細細理會去」也。(所謂先立乎其大者也)又人之所知固由其最初意之所向,然所知愈多所志亦愈大,故知識亦不可以已。陸子曰:「夫子曰吾十有五而志於學今千百年無一人有志也,是怪他不得志個甚底?須是有智識然後有志願。」又曰:「人要有大志常人汨沒於聲色富貴間,良心善性都蒙蔽了。今人如何便解有智識先有志願始得。」詆陸王之學者每謂其盡棄萬事專主一心,其實殊不然也。(朱子語錄:「子靜只是拗,伊川云惟其深喩是以篤好子靜必要云好後方喻。看來人之於義利喩而好也多,若不曉又安能好然好之則喻矣,畢竟伊川說占得多。」案喩而後好好而後喩,諭自常識言之,兩說皆通莫能相破,必深論之則好之與喩原係一事不過分為兩語耳。此亦見陽明知行合一之說之確也。)

朱陸異同,始於淳熙三年乙未鵝湖之會,而成於乙巳丙午之間。乙未之歲,朱子年四十六,象山年三十七。東萊以二家講學有異同,欲和會之,約會於信州之鵝湖寺,朱子及復齋、象山皆會。《象山語錄》:「先兄復齋謂某曰:伯恭約元晦為此集,正為學術異同。某兄弟先是不同,何以望鵝湖之同?先兄遂與某議論致辨,又令某自說。至晚罷先兄云:子靜之說是。次早某請先兄說。先兄云:某無說。夜來思之,子靜之說極是。方得一詩云:孩提知愛長知欽,古聖相傳只此心。大抵有基方築室,未聞無址忽成岑。留情傳注方榛塞,著意精微轉陸沈。珍重友朋勤琢切須知至樂在於今。某詩甚佳但第二句微有未安先兄云說得恁地又道未安更要如何?某云不妨一面起行,某沿途卻和此詩及至鵝湖伯恭首問先兄別後新功。先兄舉詩才四句元晦顧伯恭曰:子壽早已上子靜船了也舉詩罷,遂致辨於先兄。某云:某途中和得家兄此詩墟墓興哀宗廟欽斯人千古不磨心涓流積至滄溟水卷石崇成泰華岑易簡工夫終久大支離事業竟浮沈舉詩至此,元晦失色。至末二句云:欲知自下升高處,真偽先須辨自今元晦大不懌於是各休息翌日二公商量數十折議論來莫不悉破其說。」繼日凡致辯其說隨屈伯恭甚有虛心相聽之意竟為元晦所尼。所謂議論數十折者悉已不可得聞惟《象山年譜》謂:「鵝湖之會論及教人元晦之意欲令人泛觀博覽而後歸之約二陸之意欲先發明人之本心,而後使之博覽朱以陸之教人為太簡,陸以朱之教人為支離」而已。《朱子年譜》曰:「其後子壽頗悔其非,而

子靜終身守其說不變。」案子壽以五年戊戌訪朱子於鉛山。是歲，朱子與呂伯恭書曰：「近兩得子壽兄弟書，卻自訟前日偏見之說，不知果何如？」庚子東萊與朱子書曰：「陸子壽前日經過留此二十餘日幡然以鵝湖所見爲非甚欲著實看書講論心平氣下相識中甚難得也」是歲九月子壽卒朱子祭之以文有曰：「別未幾時兄以書來審前說之定曰子言之可懷逮予辭官而未獲停驂道左之僧齋兄乃枉車而來教相與極論而無猜。自是以還道合志同」云云此所謂子壽頗悔其非者也。象山則庚子朱子答呂伯恭書曰：「其徒曹立之者來訪持得子靜答渠書與劉淳叟書卻說人須是讀書講論然則自覺其前說之誤矣。但不肯翻然說破今是昨非之意依舊遮前掩後巧爲詞說」又一書云：「子靜似猶有舊來意思聞其門人說子壽言其雖已轉步而未曾移身然其勢久之亦必自轉回思鵝湖講論時是甚氣勢今何止十去七八邪？」案陸子但欲先發明人之本心，而後使之博覽，非謂不必讀書講論則朱子謂其自覺前說之誤實屬臆度之辭在陸子初未嘗改故辛丑朱子答呂伯恭書：「謂子靜近日講論比舊亦不同但終有未盡合處。」又一書云：「子靜雖已規模終在」此則所謂子靜終身守其說不變者也。朱子癸卯答項平父書曰：「大抵子思以來教人之法，惟以尊德性道問學兩事爲用力之要。今子靜所說專是尊德性事而熹平日所論卻是道問學上多了所以爲彼學者多持守可觀；而看得義理全不仔細又別說一種杜撰道理遮蓋不肯放下而熹自覺雖於義理

不敢亂說卻於緊要爲己爲人上多不得力。今當反身用力，去短截長，集思廣益，庶幾不墮一邊耳。」又答陳膚仲書：「陸學固有似禪處。然鄙意近覺婺州朋友專事見聞，而於自己身心全無功夫。所以每勸學者兼取其善，要得身心稍稍端靜方於義理知所抉擇。吾道之衰，正坐學者各守己偏，不能兼取眾善，所以終有不明不行之弊。」丙午答陸子靜書：「道理雖極精微，然初不在耳目見聞之外，是非黑白即在面前，此而不察，乃欲別求玄妙於意慮之表，亦已誤矣。邇來日用功夫頗覺有力，無復向來支離之病，甚恨未得從容面論未知異時相見尚復有異同否耳」雖仍各持一說，議論頗持平。循是以往，未必不可折衷，和會。然癸卯歲，朱子撰曹立之墓表，陸子之徒謂攻其短，頗爲不平，丙午朱子答程正思書又謂「去年因其徒來此，狂妄凶很，手足盡露，乃始顯然嗚鼓攻之。」而關陸學之語又多矣。及淳熙十五年戊申，無極太極之辯詞氣雖少忿戾，朱子究仍以辨析學術之意爲多，蓋朱陸兩家學問途轍雖或不同，其辨論亦止於是，至於入主出奴叫囂狂悖甚有非君子之詞者則其門下士意氣用事者之失，及後世姝姝曖曖者推波助瀾之爲之也。

朱子之學所以與陸子異者？在陸子以心爲至善，而朱子則謂心雜形氣之私必理乃可謂之至善。故語錄謂「陸子靜之學千般萬般病只在不知有氣禀之雜，把許多粗惡的氣都把做心之妙理，合當恁地，自然做將去」也。其所以一認心爲至善，一以心爲非至善者則以陸子謂理具於心朱子謂理在心外，陸子曰：「天

理人欲之言亦不是至論若天是理人是欲則天人不同矣此其原蓋出於老氏。樂記曰:「人生而靜天之性也。感於物而動性之欲也物至知然後好惡形焉不能反躬天理滅矣天理人欲之言亦根於老氏」排天理人欲之說即謂理出於心也朱子曰:「古人之學所貴於存心者蓋將推此以窮天下之理今之所謂識心者乃欲恃此而外天下之理」(答方賓王書)則明謂理在心外矣然二家謂理在心之內外雖異而其謂理之當順則同陸子與朱濟道書曰:「此理在宇宙間未嘗有所隱遁天地之所以為天地者順此理而無私焉耳人與天地立為三極安得自私而不順此理哉?」其說與朱子初無以異其所以途轍雖殊究為一種學問中之兩派也。

劉蕺山曰:「世言上等資質人宜從陸子之學下等資質人宜從朱子之學。吾謂不然。惟上等資質然後可學朱子以其胸中已有個本領去做零碎工夫條分縷析亦自無礙若下等資質必須識得道在吾心不假外求有了本領方去為學不然只是向外馳求誤卻一生矣」又曰:「大抵諸儒之見或同或異多係轉相偏矯因病立方盡是權教至於反身力踐之間未嘗不同歸一路」黃黎州明儒學案發凡曰:「學問之道以各人自用得著者為真凡倚門傍戶依樣葫蘆者非流俗之士則經生之業也此編所刊有一偏之見有相反之論。學者於其不同處正宜著眼理會所謂一本而萬殊也以水濟水豈是學問?」此數條皆足為爭朱陸異同

者，痛下鍼砭。

象山之學當以慈湖為嫡傳。而其流弊亦自慈湖而起。象山常說顏子克己之學其所謂克己者，非如常人，謂克去利害忿欲之私也乃謂於意念起時將來克去意念克去則還吾心體之本然此心本廣大無邊純粹至善。功力至此則得其一萬事畢矣慈湖嘗撰己易謂「天地萬物皆一道道即易即吾心」（大旨謂「天者吾性中之象地者吾性中之形在天成象在地成形皆吾之所為也坤者乾之兩者也其他六卦乾之錯綜者也故舉天下非有二物」）此即象山「宇宙內事皆己分內事己分內事乃宇宙內事」之說也又謂人當以天地為己不當以耳目鼻口為己此則克去己私之本蓋人與道本一（道與天地萬物為一）所以隔之者乃私意。而私意由形體而起也。「即由我而起」職是故慈湖之學以「不起意」為宗所謂意者慈湖謂其狀不可勝窮「窮日之力窮年之力縱說橫說廣說備說不可得而盡」要之由己而起者皆是（以形體為己之己）然則心與意奚辨曰：「一則為心二則為意直則為心支則為意通則為心阻則為意」（即以天地萬物為一體為心物我相對待為意）人心本與道一意則蔽之。故須將意克盡心體乃復見也人之惡何一非由意而起苟能從此克去則一切惡一掃而空此誠最根本之義亦最簡易之法矣然此語談何容易？吾人自旦之暮自暮至旦，刻刻不斷生息於意念之中者既非一日加以衆生業力相薰相染；直是意即我，

我即意。一朝覺悟而欲克去所費功力，蓋十百千萬於建立事功研求學問者而未有已也。能見及此，不過覺悟之始。自此以往功力方將無窮。而慈湖以救當時學者沉溺於訓詁詞章之習，所說多在絕意明心，而不及於斬艾持守。及門弟子遂以入門義為究竟法。偶有所見即以為道在是，而不復加省察克治之功。後來王門之弊亦多如是。此則自謂得心體之本然，而不知其仍息於意念之中也。（己易「昏者不思而遂己可乎曰：正恐不能遂己誠遂己則不學之良能、不慮之良知我所自有也仁義禮知我所自有也萬善自備也百非自絕也意必固我無自而生也雖堯舜禹湯文武周公孔子何以異於是？」此中正恐不能遂己一句最須注意。

〇袁絜齋稱慈湖：「平生踐履無一瑕玷。處閨門如對大賓，在闇室如臨上帝。年登耄耋，兢兢敬謹未嘗須臾放逸。」可見其持守之嚴。此固學者之誤，不能以咎慈湖。然慈湖立教之少偏，似亦不能辭其責矣。袁絜齋宗旨與慈湖同。然其教人謂「心明則本立」又謂「當精思以得之兢業以守之」似較慈湖為周備也。

篇十　浙學

理學何學也？談心說性初不切於實際，而其徒自視甚高世之言學問者，苟其所言與理學家小有出入，則理學家必斥為俗學。與之斤斤爭辯其所爭者不過豪釐之微，而其徒視之不翅丘山之重。此果何義哉？果

其別有所見歟?抑實無所有,而姑枵然以自大也?

隨事應付常人本自能之哲學家所以異於常人者,乃在每一問題,必追究到底,而不肯作就事論事之語。此義前已言之。理學亦一種哲學也。故理學之異於尋常學問者在於澈底。(以一種學問與尋常人較則尋常人之所言,恆不澈底,而學問家之所言,恆較澈底。以尋常學問與哲學較則尋常學問之所言,恆不澈底,而哲學家之所言恆較澈底。故以尋常人與言學問者較猶以尋常學問與哲學較也。)澈底卽追究到底之謂也。理學家就宇宙間事物追究到底而得其不易之則焉卽其所謂理也。此理也,自理學家言之,則亘古今而不變通世界而無二。大之至於書契所不能紀巧曆所不能窮而莫之能外小之至於耳目所不能聽睹心思所不能想象,而亦不能不由天下事由之則是背之則非一切學問議論與此合者看似迂曲實甚逕捷看似背繆實極的當。而不然者,則省似是而非,而隱禍實已伏於其後者也。是則所謂俗學也已。(理學家曰言天理而不能用諸人事,是謂虛無是爲異學言人事而不本之於天理是爲粗淺是爲俗學)

職是故理學家之行事不求其有近功而必求其根柢上無絲毫破綻所以貴王賤霸者以此以一身論,亦必反諸已而無絲毫之慊,而後可以卽安否則雖功蓋天下澤被生民猶爲襲取猶爲徼幸也。(理學家所以不肯輕出身任天下事者有二義(一)己不正必不能善事。朱子謂「多只要求濟事不知自身不立事決

不能成自心若有一豪私意未盡皆足敗事」是也。(一)則論至精微處天下至當不易之理如幾何學之只有一點稍偏卽不是,卽必有後禍,而有心爲善卽已偏而與此點離矣。只倚著在忠上便不中了。爲此驚世駭俗之事便不庸了。自聖人看還是索隱行怪」理學家之精神專注於內事事求其至當不易,故覺得出身任事之時甚難)理學家之見解如此其言自不能不與尋常人目爲迂曲、爲背繆彼正忻然而笑以世人爲未足與議也。

理學家之議論自理論言之固亦無以爲難然天下事理至無窮也凡事必從根柢上做起,不容絲毫苟且,固是一理然必先撐持目前根柢上事乃可徐圖亦是一理。(如謂產當公不當私豈非正論然專將目前社會破壞,共產之靳望豈逐得達。欲求共產,有時或轉不得不扶翼私產矣。世界大同豈非美事然欲躋世界於大同必先自強其國。若效徐偃宋襄之爲,轉足爲世界和平之累也。)以一人言之必自己所學十分到家,乃可出而任事又必事事照吾主張做去不容有絲毫委曲乃得免於柱尺直尋之誚,而其事亦無後災固是一理。然而如此則天下將永無可爲之日而吾身亦永無出而任事之時以天下爲己任者正不容如此其拘亦是一理。由前之說則理學家之所以自處。由後之說則非理學者之所以難理學家也。宋時所謂浙學者卽如此。

浙學分永嘉永康二派。永嘉一派，道原於薛艮齋，而大成於葉正則，與宋時所謂理學者，根本立異。永康一派，道原於呂東萊，變化於其弟子約及陳同甫。其所爭者，則以理學家所謂天理範圍太隘，而欲擴而充之也。今略述其說如下：

薛艮齋問學於袁道潔袁道潔問學於二程故永嘉之學亦出於伊洛。艮齋好言禮樂兵農而學始稍變。陳君舉繼之宗旨亦與艮齋同然不過講求實務期見諸施行而已（君舉頗主周官謂不能以王安石故因噎廢食）於伊洛宗旨未嘗顯有異同也至葉水心出而其說大變水心之意以爲聖人之言必務平實凡幽深玄遠者皆非聖人之言理學鉅子當推周張二程其哲理皆出於易故水心於易力加排斥惟象係孔子作十翼不足信而後儒講誦於此獨多魏晉而後旣與老莊並行號爲孔老佛說入中國亦附會十翼於是儒釋又並稱使儒與釋老相雜者皆十翼爲之者。（名育邠州三水人）受業於橫渠而其序正蒙謂其以「六經所未載聖人所不言者與浮屠老子辯實爲寇盜設郭郭助之扞禦」水心深然其說謂浮屠之道非吾道學者援大傳「天地絪縕」「通晝夜之道而知」「不疾而速不行而至」子思「誠之不可掩」孟子「大而化聖而不可知」而曰：吾所有之道固若是實陽儒而陰釋者也案宋儒之論究與易意合否誠難斷言然一種學問必有其哲學上之根據儒亦當時顯學安得

無之?如水心言,凡高深玄遠之說,悉出後人附會而孔子乃一略通世故,此能隨事應付之人乎?必不然矣。

宋時有道統之說,其思想蓋遠源於孟子而近接韓退之,孟子曰:「五百年必有王者興,其閒必有名世者。」又曰:「由堯舜至於湯五百有餘歲,若禹、皋陶,則見而知之。由湯至於文王五百有餘歲,若伊尹萊朱則見而知之。若文王則聞而知之。由文王至於孔子五百有餘歲,若大公望散宜生則見而知之。若孔子則聞而知之。由孔子而來,至於今百有餘歲,去聖人之世若此其未遠也,近聖人之居若此其甚也,然而無有乎爾則亦無有乎爾」孟子屢言願學孔子又曰:「予未得為孔子徒也,予私淑諸人也」又曰「由周而來七百有餘歲矣,以其數則過矣,以其時考之,則可矣夫天未欲平治天下也,如欲平治天下當今之世,舍我其誰也」蓋隱然自附於見知孔子之列,而以名世之任自期,韓氏原道曰:「吾所謂道堯以是傳之舜,舜以是傳之禹,禹以是傳之湯,湯以是傳之文武周公,文武周公傳之孔子,孔子傳之孟軻,軻之死不得其傳焉。荀與楊也擇焉而不精,語焉而不詳。」始以孟子繼孔子宋人以孟子受業於子思子思受業於曾子遂謂曾子獨得孔子之傳。朱子又推濂溪、二程遙接其緒其滄洲精舍告先聖文所謂「恭惟道統,萬理一原,聿維顏曾氏傳得其宗,逮思及輿益以光大,自時厥後口耳失眞,千有餘年乃云有繼周,程授受萬理一原」者也後人又以朱子承周程之緒而理學家義軒集厥大成人屬玄聖。朱子述古垂訓,萬世作程三千其徒化若時雨維顏

所謂道統者以成水心既不喜伊洛,故亦不承其道統之說,別敍道統,自堯、舜、禹、湯、文王、周公以至孔子,而斥宋儒曾子傳孔子之學,以至子思孟軻之說為不足信。其言曰:「四科無曾子,而孔子曰參也魯,則曾子在孔門弟子中不爲最賢,若謂孔子晚歲獨進曾子,或孔子歿後曾子德行加尊行加修,則無明據。又孔子謂中庸之德民鮮能,而子思作中庸以爲遺言,則顏閔猶無是告以爲自作則非傳也。」此等議論看似考據精詳實亦憑肊爲說,與主張曾子傳孔子之道以及子思孟子者同一無據,不足深論。水心之意亦初不在此,所以必別敍道統駁斥舊說,不過以達其崇實黜虛之見而已。水心之言曰:「孔子教顏淵非禮勿視非禮勿聽非禮勿言非禮勿動必欲此身嘗行於度數折旋之中,而曾子告孟敬子乃以爲所貴者動容貌正顏色出辭氣三事而已。是則度數折旋皆可忽略而不省有司徒具其文而禮因以廢。」又曰:「周官言道則兼藝易傳子思孟子言道後世於道始有異說益以莊列西方之學愈以支離。」其意可概見矣。

宋儒於戴記獨尊大學中庸諸子中獨尊孟子以配論語而爲四書。四書固由於大學言爲學之方,最有系統;

(朱子語錄:「問初學當讀何書?曰:六經語孟皆當讀,但須知緩急。大學語孟最是聖賢爲人切要處。然語、孟隨事答問,難見要領,惟大學是說古人爲學之大凡,體統都具,玩味此書,知得古人所鄉,讀語孟便易入。後面功夫雖多,而大體已立矣。」又曰:「今且須熟究大學作間架,卻以他書塡補之。」又曰:「大學是修身治人

的規模。如起屋相似,須先打個地盤。」)中庸所言之精微孟子於諸子中,獨為純正亦與其道統之說相關也。水心既不信道統之說故於學庸孟子咸有詰難其難大學格致之說曰:「大學以致知格物,在誠意正心之先格字可有二解物欲而害道格而絕之物備而助道格而通之是也程氏以格物為窮理夫窮盡物理則天下國家之道已無遺蘊安得意未誠心未正知未至以為求窮理則未正之心未誠之意未致之知安能求之?故程氏之說不可通然格物究作何解殊未能定蓋由為大學之書者自未能明以致疑誤後學也」其難中庸謂「書惟皇上帝降衷于下民即中庸天命之為性若有恆性即率性之為道克綏厥猷惟后即修道之謂教(案所引三語出偽湯誥。)然言降衷可言天命不可何者天命物所同降衷人所獨也惟降衷為人所獨故人能率性而物不能否則物何以不能率性邪?中庸謂率性而曰恆是以可率性而曰綏之無加損也云修則有損益矣是教者強民從己也」其所謂當然者率之則道離於性矣民有恆性而后綏之之說不可通。然格物究作何解殊未能定蓋由為大學之書者自未能明以致疑誤後學也其難孟子曰:「洪範耳目之官不思而為聰明自外入以成其內也思有是非邪正心有人危道微後人安能常官而至於聖賢者古人之耳目安得不官而蔽於物思有是非邪正心有人危道微後人安能常官內外交相成而至於聖賢者古人之耳目安得不官而蔽於物思有是非邪正心有人危道微後人安能常官而得之?蓋以心為官出孔子後以性為善自孟子始然後學者盡廢古人之條目而專以心為宗主虛意多實力少;堯舜以來內外相成之道廢矣。」案此諸說均屬率強格物之釋甚多是非誠難遽定然因其說之難定

遂謂古人自不能通則未免失之武斷。水心謂「功力當自致知始」，則大學言致知在格物，不云欲致其知者先格其物明格物致知即係一事原自致知爲始也古書言性本皆指人性言之言物性須別之曰物言人性不須別之曰人言語之法自如此也孟子曰：「耳目之官不思，而蔽於物物交物，則引之而已矣心之官則思思則得之不思則不得也此天之所以與我者先立乎其大者則其小者不能奪也」謂當以心之思正耳目之蔽非謂任心而遂廢耳目也謂古人之耳目安得不蔽於物後人之心安能常思而得之試問耳目爲物所引果有此事乎無此事乎心不能常思而得將廢心而專任耳目乎抑當致力於治心乎？水心曰「唐虞三代上之治爲皇極下之敎爲大學行之天下爲中庸。漢以來無能明之者今世之學始於心，而三者始明然唐虞三代內外無不合故心不勞而道自存今之爲道者獨出內心以治外故常不合」夫心思耳目非對立而爲二物也用耳目者非能不用心思而心思亦非能離耳目而爲用也。（物交物則引之所引者仍係其心目之欲而不思其邪正也若竟廢耳目之用，則本無物欲之蔽矣。）今乃曰：自外入以成其內自內出以治其外其說果可通乎

水心於太極先後天之說亦皆加以駁詰謂孔子彖辭無所謂太極、太始太素等茫昧荒遠之說實惟莊、列有之。又謂河圖洛書之說已爲怪誣況於先後天乎？孔子繫易辭不及數惟大傳稱大衍之數五十其下文

有五行生成之數。五行之物，徧滿天下，觸之即應，求之即得，而謂其生成之數，必有次第。蓋曆家立其所起，以象天地之行，不得不然。大傳以易之分揲象之，蓋易亦有起法也。大傳本以易象曆而一行反以爲曆本於易。

夫論易及數非孔氏本意，而謂曆由易起揠道以從數執數以害道」云云。此說誠亦有理。然太始太素等名，見於易緯（見第二篇）緯書固多怪迂之論中亦多存經說謂其不足信則可謂非古說則不可專言數誠非孔氏之意然古代哲學與天文曆數相關極密謂孔子不專言數則可必謂言數之說盡出後人附會亦非。

水心謂「天地陰陽最忌以密理窺測」推其意必專就事論事高深玄遠之說一語不及而後可。然哲學固不容如是也。

水心又論「黃叔度爲後世顏子」之說云：「孔子所以許顏子者皆言其學不專以質。漢人不知學以質爲道遂使老莊之說與孔顏並行」案宋儒好言「聖賢氣象」在彼修養之餘誠不能謂無所見然亦有入魔道處。水心此論頗中其失。

水心旣以實角爲主自不免功利之見。故謂「正誼不謀利，明道不計功，初看極好，細看全疏闊古人以利與人而不自居其功故道義光明。旣無功利則道義乃無用之虛語耳」殊不知上下交征利，勢必至於不奪不厭未有仁而遺其親未有義而後其君正古人之以義爲利；而正誼不謀利明道不計功亦正所以規遠

利也。此等說，皆未免失之偏激。

凡主張功利之說者，世人每謂其心術不可問，此實不然。彼不過立說少偏耳其意固欲以利人也若但圖自利則雞鳴而起孳孳爲之可矣；而何必著書立說以曉天下乎？故主張功利之說者其制行往往高潔過人，方正不苟以其策書與主張道義之人異其靳向則同也。水心當韓侂胄用兵時嘗一出任事以是頗爲論者所譏。此實理學家好苛論人而不察情實之弊不可不有以正之。案水心當淳熙時屢以大仇未復爲言開禧欲用兵除知建康府顧力言此事未可易言欲先經營淮漢使州有勝兵二萬然後挑彼先動因復河南河南既復乃於已得之地更作一重爲進取之計實爲老謀勝算。而侂胄急於建功（急於建功便是私意）不能用水心又上劄子請修實政行實德意主修邊而不急於開邊整兵而不急於用兵節用減賦以寬民力。時亦以爲迂緩不能用但欲藉其名以草詔水心力辭則其不同侂胄之輕舉彰彰矣兵既敗乃出安集兩淮。力陳救敗之計旋兼江淮制置措置屯田時傳言金兵至民渡江者億萬爭舟至覆溺吏持文書至官皆手顫不能出語。水心歎曰：「今竟何如？」乃用門下士滕宬計以重賞募勇士渡江刦其營十數往返俘馘踵至。士氣稍奮人心稍安。金人乃解。水心相度形勢欲修沿江堡塢與江中舟師相掎，自此漸北撫用山水寨豪傑。中朝急於求和水心以爲不必請先自固徐爲進取之圖蓋其審愼於啓釁之先效命於僨軍之際其忠忱才

略,咸有足多者而忍以一節輕議之哉?況所議者,皆捕風捉影,不察情實之談乎?侂胄旣死其黨許及之、曾孝友等懼得罪反勁水心附會用兵以圖自免遂奪職奉祠前此封事具在竟莫能明其本末亡國之是非必不明,功罪必倒置,可爲浩歎矣。水心弟子周南(字南仲吳縣人)北伐時嘗奉長樞密院機速房之命辭曰「吾方以先事造兵爲發狂必死之藥敢鄉邇乎」卒不受命侂胄之誅水心弟子與者三人(趙汝談汝讜王大受汝鐔一作汝讜字蹈中大梁人大受字宗可一字拙齋饒州人)亦可見水心之宗旨矣。水心旣廢杜門家居絕不自辯嘗歎「女眞復爲天祚他人必出而有之」又謂「自戰國以來能教其民而用之惟一諸葛亮,非驅市人之比故其國不勞其兵不困雖敗而可戰」其經綸又可見矣其與丁少詹(丁希亮字少詹黃巖人水心弟子。)書謂「世間祇常理所謂豪傑卓然興起者不待教詔而自能不待勉強而自盡耳至於以機變爲經常以不遜爲坦蕩以窺測隱度爲義理以見人隱伏爲新奇以跌蕩不可覊束爲通透以多所疑忌爲先覺此道德之棄材也讀書之博祇以長敖見理之明祇以遂非」云云則卓然儒者之言雖程、朱無以踰其淳也。然則世之踔弛自喜好爲大言而實際並無工夫隱微之地且不可問而顧謬託於功利之論以譁世而愚衆者,寧非言功利者之罪人哉?

永康之學原於東萊。然東萊之論,實與永康絕異,不可不察也東萊與葉正則書曰:「靜多於動踐履多

於發用,涵養多於講說讀經多於讀史功夫如此然後可久可大。」與朱侍講曰:「向來一出始知時事益難平為學功夫益無窮而聖賢之言益可信」其與陳同甫則曰:「井渫不食正指汲汲於濟世者所以未為井之盛蓋汲汲欲施與知命者殊科孔子講討見卻但曰以吾從大夫之後不敢不告;孟子雖有自任氣象亦云吾何為不豫哉殆可深鏡也」則實非急於功名之流其論政事亦恆以風俗為重所撰禮記說嘗「秦漢以來外風俗而論政事」論語說曰「後世人所見不明或反以輕捷便利為可喜淳厚篤實為遲鈍不知此是君子小人分處。」與學者及諸弟書曰「嘗思時事所以艱難風俗所以澆薄推其病原皆由講學不明之故。若使講學者多其達也自上而下為勢固易雖不幸皆窮然善類既多熏蒸上騰亦有轉移之理雖然此特憂世之論耳中天下而立定四海之民所性不存焉此又當深長思也」皆卓然儒者之論其論自治謂:「析理當極精徹豪釐不可放過」又謂:「步趨進退左右周旋若件件要理會必有不到惟常存此心則自然不違乎理。」頗能兼朱陸之長史稱東萊少時性極褊後病中讀論語至「躬自厚而薄責於人」有省遂終身無暴怒困學紀聞紀其言謂「爭校是非不如斂藏收養。」則其氣象寬博自有過人者宜其不與於朱陸之爭,且能調和二家也

東萊死後其弟子約議論漸變。朱子答劉子澄曰:「伯恭無恙時愛說史學身後為後生鶻糊塗說出一

般惡口小家議論賤王尊霸,謀利計功,更不可聽。子約立腳不住亦曰:吾兄蓋嘗言之云爾?」又一書曰:「婺州自伯恭死後,百怪都出,至如子約,別說出一般差異的話,全然不是孔孟規模,卻做管商見識,令人駭歎然亦是伯恭自有些拖泥帶水,致得如此,又令人追恨也。」答潘端叔曰:「子約所守固無可疑,然其論甚怪教得學者相率舍道義之塗,以趨功利之域,充塞仁義獸食人,不是小病,故不免極力陳之以其所守言之,固有過當。若據其議論則亦不得不說到此地也」可見功利之說皆起於子約時矣,然其主持實以陳同甫為最力。故朱子答黃魯直書謂「婺州近日一種議論愈可惡,大抵名宗呂氏而實主同甫」語類又謂「伯恭門人亦有為同甫之說」者也。

同甫之為人,不如水心之純;其才亦不如水心之可用。(水心行事具見前,龍川落魄,以疏狂為俠。嘗三下大理獄。其言曰:「研窮義理之精微,辨析古今之同異,原心於秒忽,較理於分寸,以積累為工,以涵養為主,睟面盎背則於諸儒誠有愧焉,至於堂堂之陳正正之旗風雨雲雷交發而並至龍蛇虎豹變見而出歿推倒一世之智勇開拓萬古之心胸;自謂差有一日之長」)乃大言耳」然其論王霸義利之說則其攻駁當時之論實較水心為有理致,不可誣也。龍川之言曰:「自孟荀論義利王霸漢唐諸儒,未能深明其說,本朝伊洛諸公,辨析天理人欲,而王霸義利之說,於是大明。然謂三代以道治天下,漢唐以智力把持天下,固已使人不能

心服。而近世諸儒，遂謂三代專以天理，漢唐專以人欲行。其間有與天理暗合者，是以亦能久長。亮以爲漢唐之君本領非不洪大開廓惟其時有轉移故其間不無滲漏謂之雜霸者其道固本於王也諸儒自處者曰義曰王漢唐做得成者皆曰利曰霸。一頭自如此一頭自如彼說得雖甚好做得亦不惡。如此卻是義利雙行王霸並用如亮之說卻是直上直下只有一個頭顱做得成耳。」又曰：「心之用有不盡而無常泯三代做之盡者也漢唐做不到盡者也本末感應只是一理使其田地根本無有是處安得有小康？」龍川之說蓋謂義之與利王之與霸天理之與人欲惟分量多少之異性質則初無不同也戢山之言曰：「不要錯看了豪傑古人一言一動凡可信之當時傳之後世者莫不有一段眞至精神在內。不誠則無物何從生出事業來？」與龍川之言若合符節如龍川戢山之言則天下惟有一理可以成事如朱子之說轉似僞者有時亦可成事矣。其意欲使道尊而不知適以小之也且如朱子之說則世之求成事者將皆自屛於道之外而道眞爲無用之物矣。龍川又極論其弊曰：「以爲得不傳之絕學者皆耳目不洪見聞不遺之僻也人只是這個人氣只是這個氣，才只是這個才譬之金銀銅鐵鍊有多少則器有精粗豈其本質之外挨出一般以爲絕世之美器哉。故浩然之氣百鍊之血氣也。使世人爭騖高遠以求之東扶西倒而卒不著實而適用則諸儒所以引之者過矣」又曰：「眼盲者摸索得著謂之暗合不應二千年之間有目皆盲也亮以爲後世英雄豪傑有時閉眼胡做遂爲

聖門之罪人及其開眼運用,無往而非赫日之光明。今指其閉眼胡做時便以為盲無一分光。指其開眼運用時只以為偶合天下之盲者能幾?利欲汩之則閉。心平氣定雖平平眼光亦會開得。況夫光如黑漆者開則其正也閉則霎時浮翳耳。今因吾眼之偶開便以為得不傳之絕學畫界而立盡絕一世之人於門外而謂二千年之君子省盲眼不可點洗。二千年之天地日月皆若無世界皆是利欲斯道之不絕者僅如縷耳。此英雄豪傑所以自絕於門外以為建功立業別是法門這些好說話且與留著妝景足矣」案世謂儒術迂疏正是如此 龍川之言亦可深長思也。

凡講學家往往設想一盡美盡善之境以為鵠說非不高然去實際太遠,遂至成為空話。中國人素崇古,宋儒又富於理想,乃舉其所謂盡美盡善之境一一傳之古人;而所謂古人者,遂成為理想中物;以此期諸實際則其功渺不可期;以此責人人亦無以自處矣。此亦設想太高持論太嚴之弊也。 龍川與朱子書曰:「秘書以為三代以前都無利欲都無要富貴底人今詩書載得如此潔淨只此是正大本子 亮以為才有人心便有許多不潔淨」破理想之空幻而據實際以立論亦理學家所當引為他山之石也。

所謂義利往往不可得兼然此自係格於事實以致如此。若論究竟則二者之斬向,固未嘗不一。所謂舍利而取義者亦以格於事勢二者不可得兼云然非有惡於利也。主張之過或遂以利為本不當取則又誤矣。

篇十一　宋儒術數之學

龍川之言曰：「不失其馳，舍矢如破君子不必於得禽也，而非惡於得禽也，範我馳驅而能發必命中者君子之射也，豈有持弓矢審固而甘心於空反者乎？」亦足箴理學家偏激之失也。

龍川之論朱子距之如洪水猛獸，又視其關江嚴然其議論之可取如此。亦可見道理之弘不容執一成之見以自封矣。然朱子之言亦有足警惕者，朱子答呂子約書曰：「孟子一生忍窮受餓費盡心力只破得柱尺直尋四字，今日諸賢苦心勞力費盡言語只成就得柱尺直尋四字。」其言足資猛省。蓋謂凡能成事者皆有合於當然之道，不得謂惟吾理想中之一境有合，而餘皆不合，其言自有至理。然世事錯綜已極，成否實難豫料，就行事論只能平心靜氣據我所見爲最是者盡力以行之，而不容有一必其成功之念。苟欲必其成功，則此心已失其正，成功仍未可必，所行先已不當矣。故論事不宜過嚴，而所以自律者則本原之地不容有豪髮之間。龍川箴朱子立論之過隘，朱子譏龍川立心之未淳，其言亦各有一理也。

宋儒術數之學，其原有二：(一) 則周子之太極圖、邵子之先天圖，與參同契爲一家言，蓋方士修煉之書也。(一) 則天地生成之數，司馬氏之潛虛，及劉氏、蔡氏河圖洛書之說本之。

所謂天地生成之數者其說見於鄭氏之易注易繫辭傳曰：「天一，地二，天三，地四，天五，地六，天七，地八，天九，地十。」又曰：「天數五，地數五，五位相得而各有合天數二十有五地數三十凡天地之數五十有五此所以成變化而行鬼神也。」一、三、五、七、九為天數二、四、六、八、十為地數所謂天數五地數五也，一、三、五、七、九相加為二十有五二、四、六、八、十相加為三十所謂天數二十有五地數三十也二十五與三十相加為五十有五則易所言之凡數也鄭氏注曰「天一生水於北地二生火於南天三生木於東地四生金於西天五生土於中陽無耦陰無妃未得相成於是地六成水於北與天一並天七成火於南與地二並天八成木於東與天三並天九成金於西與地四並地十成土於中與天五並」此所謂五行生成之數漢書五行志：左氏昭公九年：「梓慎曰水火之牝也」疏引陰陽之書言五行妃合十八年「神竈曰火水妃也妃以五成」疏引陰陽之書言五行嫁娶說皆略同後人於鄭氏之說或多駁難然非此無以釋五位相得而各有合也。月令言五方、木、火、金、水皆成數惟土為生數太玄玄圖篇云「一與六共宗二與七為朋三與八成友四與九同道五與五相守，」說亦大同。惟中央不言五與十而已。司馬氏潛虛所用即係此數

溫公潛虛亦從萬物之所由來說起。由此推原人性而得其當然之道。其說曰：「萬物皆祖於虛，生於氣，氣以成體，體以受性，性以辨名，名以立行，行以俟命，故虛者物之府也，氣者生之戶也，體者質之具也，性者神

之賦也名者事之分也行者人之務也命者時之遇也。」蓋亦欲通天人之故者也（謂萬物皆祖於虛，不如

張子泯有無爲一之當）

其氣圖以五行分布五方用其生數爲原熒本北基而以其成數爲委燚末刃冢以此互相配合其數五十有五畫成級數是爲體圖體圖一等象王二等象公三等象岳四等象牧五等象率六等象侯七等象卿八等象大夫九等象士十等象庶人其說曰：「少以制衆明綱紀也位愈卑詘愈多所以爲順也」又以五行生成之數遞相配其數亦五十有五謂之性圖（其中以水配水以火配火者謂之純其餘謂之配）又以一至十之數互相配各爲之名亦得五十五其中以五配五日齊居中餘則規而圓之始於元而終於餘是爲名圖齊包幹萬物無位元餘者物之終始無變餘各有初二三四五六上七變凡三百六十四變尸一曰授於餘而終之其說曰人之生本於虛虛然後形形然後性性然後動動然後情情然後事事然後德德然後家家然後國國然後政政然後功功然後業業終則反於虛矣故萬物始於元著於裏存於齊消於散訖於餘五者，形之運也柔剛雍昧昭然性之分也容言慮聆覿動之官也繇憯得權耽情之詘也蒋卻庸安蠹事之變也訒宜忱喆戛德之塗也特偶匪續考家之綱也范徒醜隸林國之紀也禋準賓戎政之務也戮义績育聲功之具也與痛泯造隆業之著也」蓋欲以徧象萬事也元餘齊無變不占初上者事之終始亦不占餘五十二名各

理學綱要

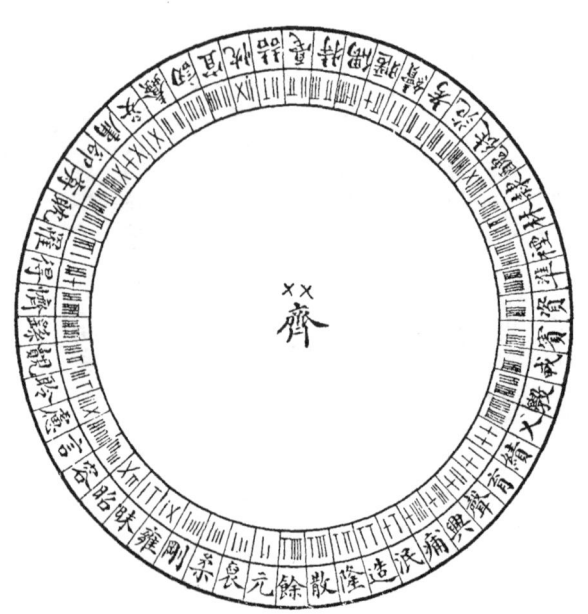

以其二、三、四、五、六爲占五行相乘得二十五又以三才乘之，得七十五以爲策虛其五而用七十占之其占分吉臧平否凶五者。

溫公好太玄留心三十年集諸説而作注其作潛虛自云：「玄以準易虛以擬玄」玄起冬至終大雪，蓋象物之始終虛亦然其繫元之辭曰「元始也夜半日之始也朔月之始也冬至歲之始也」繼之以衰曰「哀聚也氣聚而物宗族聚而家聖賢聚而國」終之以散繼之以餘蓋亦象物之始終其思想實未能出於太玄之外此等書殊可不必重作也。

溫公潛虛雖不足貴而其踐履，則有卓然不可誣者。溫公之學，重在不欺自謂「生平所爲，未嘗不可對人言」弟子劉安世問：「有一言而可以終身行之者乎？」溫公之學之七年而後成故能屹然山立論者稱涑水門下忠定（安世諡）得其剛健篤實，范正獻（祖禹）得其純粹云傳溫公之數學者，則晁景迂也。

晁景迂從溫公遊又從楊賢寶（康節弟子）傳先天之學姜至之講洪範溫公著潛虛未成而病，命景迂補之。景迂謝不敏所著書涉於易者甚多今惟易玄星紀譜，尚存景迂集中其書乃將溫公之太玄曆康節之太玄準易圖據曆象合編爲譜以見易與玄之皆本於天也。

五行生成之數,鄭氏以之注繫辭傳天地之數,其注大衍之數亦用之。其注「河出圖,洛出書」,則引春秋緯云「河以通乾出天苞,洛以流坤吐地符,河龍圖發,洛龜書成,河圖有九篇,洛書有六篇」,初不言九篇六篇所載為何事,漢書五行志載劉歆之言曰:「虙犧氏繼天而王,受河圖則而畫之,八卦是也。禹治洪水,賜雒書法而陳之,洪範是也。」(張衡東京賦「龍圖授羲,龜書畀姒」)孔傳及論語集解引孔氏亦皆以河圖為八卦,然亦僅言八卦五行出於圖書,而圖書究作何狀,則莫能質言。(邢昺論語疏「鄭玄以為河圖洛書龜龍銜負而出,如中候所說龍銜甲赤文綠字,甲似龜背裹廣九尺,上有列宿斗正之度,帝王錄紀與亡之數」云「列宿斗正之度」「帝王錄紀與亡之數」則亦似書矣。又云「赤文綠字甲似龜背」則龍馬所負亦龜書也,隋志「河圖二十卷河圖龍文一卷其書出於前漢有河圖九篇,洛書六篇,自黃帝至周文王所受本文,又別有三十篇云自初起至於孔子九聖之所增演,以廣其意」其書既亡,無可究詰,漢書五行志以「初一日」以下六十五字皆為洛書本文,孔以「初一日」等二十七字係禹加,劉彪、顧煊以為龜背有二十八字,劉炫謂止二十字,亦皆以意言之而已。要之,河圖、洛書,本神怪之談,無從徵實。必欲鑿求,適成其為癡人說夢而已)至宋時始有所謂易龍圖者,託諸陳摶。(見李淑邯鄲書目)朱子已明言其偽,清胡渭易圖明辨謂其圖見於張仲純易象圖說者凡四,其第一圖即天數

二十有五，地數三十。第二圖上為五行生數，下為五行成數。第三圖合二者為一。第四圖則所謂「戴九履一，

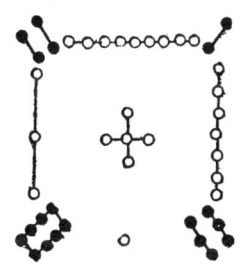

一天地未合之數

二天地已合之數

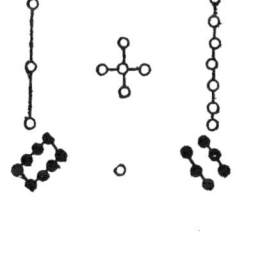

三天地生成之數

四洛書縱橫十五之象

左三右七二四爲肩六八爲足五爲腹心縱橫數之皆十五」者也。其數與大戴記明堂九室（大戴記明堂篇：「明堂者古有之也。凡九室二、九、四、七、五、三、六、一、八」）及後漢書張衡傳注引易乾鑿度同案後漢書劉瑜傳：「河圖授嗣正在九房」則以此數爲河圖。然九宮之數合於九疇，故又有以此爲洛書者。

宋劉牧撰易數鈎隱圖，就龍圖天地已合之數虛其中以上圖爲兩儀下圖爲四象以爲河圖其有五數及十數者爲洛書。蔡元定則以第三圖爲河圖第四圖爲洛書引關朗易傳爲證易傳曰「河圖之文七前六後八左九右。聖人觀之以畫卦是故全七之三以爲離奇以爲巽全八之三以爲震奇以爲艮全六之三以爲坎奇以爲乾全九之三以爲兌奇以爲坤正者全其位隅者盡其量洛書之文九前一後三左七右四前二

後右後左後右八前之爲六三爲，：一、四、七爲天生之數二、五、八爲地育之數三、六、九爲人資之數」所謂圖畫卦者與劉牧之四象生八卦圖合宋時言圖書者所由以圖書附合於易也（劉氏曰「水居坎而生乾金居兌而生坤火居離而生巽木居震而生艮」謂水數六除三畫爲震餘五畫爲艮也乾坤艮巽畫數九除三畫爲兌餘六畫爲坤火數七除三畫爲離餘四畫爲巽木數八除三畫爲震餘五畫爲艮也乾坤艮巽畫數九除三畫爲兌餘六畫爲坤金數九除三畫爲乾餘六畫爲兌；

然坎離震兌皆止三畫殊不可通。）關朗易傳乃北宋阮逸所造僞書見陳無已後山叢談實本諸劉牧而又小變其說者，蔡氏爲所欺也。

東都事略儒學傳謂：「陳摶讀易以數學授穆脩，脩以授种放，放授許堅，堅授范諤昌。」朱漢上經筵表謂：「陳摶以先天圖傳种放，放傳穆脩，脩傳李溉，溉傳許堅，堅傳范諤昌，諤昌傳劉牧，脩以太極圖傳周敦頤，敦頤傳程顥程頤。」晁公武郡齋讀書志：「易證墜簡一卷天禧中毘陵從事范諤昌撰自謂其學出於湓浦李處約、廬陵許堅」處約不知卽溉否然邵子之學出於先天圖劉牧之學出於河圖洛書周子之學出於太極圖則不可誣也。

之得之穆伯長）（明道誌康節墓亦謂其學得之李挺之挺

南渡以後精於數學者莫如蔡西山父子。西山以十為河圖（五行生成數）九為洛書（九宮）又謂

「河圖、洛書虛其中為太極奇耦各居二十（謂一三七九與二四六八相加皆為二十）則亦兩儀。一六為水二七為火三八為木四九為金五十為土固洪範之五行而五十有五又九疇之子目也（五行五、五事五、八政八、五紀五、皇極一、三德三、稽疑七、庶徵十、福極十一）。洛書一二三四而合九八七六縱橫十五而互為八九七六則亦四象也。四方之正以為乾坤離坎四隅之偏以為兌震巽艮（此邵子先天方位）則亦八卦也。洛書固可以為易河圖固可以為範；且又安知圖之不為書書之不為圖邪？」又曰「太極者象數未形而其理已具之稱形器已具而其理無朕之目在河圖洛書皆虛中之象也周子曰無極而太極邵子曰道為太極又曰心為太極此之謂也太極之判始生一奇一耦而為一畫者二是為兩儀其數則陽一而陰二在河圖洛書則奇耦是也。周子所謂太極動而生陽動極而靜靜而生陰靜極復動一動一靜互為其根分陰分陽兩儀立焉邵子所謂一分為二者皆謂此也。兩儀之上各生一奇一耦而為二畫者四是為四象其位則太陽一少陰二少陽三太陰四其數則太陽九少陰八少陽七太陰六以河圖言之則六者一而得於五者也七者二而得於五者也八者三而得於五者也九者四而得於五者也以洛書言之則九者十分一之餘也八者十分二之餘也七者十分三之餘也六者十分四之餘也周子所謂水火木金邵子所謂二分為四者皆謂此也。四象之上各生一奇一耦而為三畫者八於是三才略具而有八卦之名矣其位則乾一兌二離三震四巽五坎

一百五十二

六、艮七、坤八。在河圖則乾坤離坎分居四實兌震巽艮分居四隅；周禮所謂三易經卦各八大傳所謂八卦成列邵子所謂四分為八者皆指此而言也。」在洛書則乾坤離坎分居四方兌震巽艮分居四隅。（以上皆引易學啟蒙此書實西山所撰也）蓋將先天太極及宋人所謂河圖洛書者通合為一矣。

西山於洪範之數未及論著皆以授九峯九峯著洪範皇極以九九之數為推其言曰：「數始於一參於三究於九成於八十一備於六千五百六十一八十一者數之小成也六千五百六十一者數之大成也天地之變化人事之始終古今之因革莫不於是著焉」又曰「一變始之始二變始之中三變始之終四變中之始五變中之中六變中之終七變終之始八變終之中九變終之終數以事立亦以事終」蓋欲以數究萬物之變者也此等說太覺空漠無可徵驗即無從評論其是非然洪範皇極頗多微妙之言今略引數條於下：

洪範皇極曰：「有理斯有氣氣著而理隱。有形斯有氣氣隱而形著。動靜可求其端陰陽可求其始。天地可求其初萬物可求其紀。鬼神知其所幽禮樂知其所著生知所來死知所去。易曰窮神知化德之盛也」形者已成之局氣者形之原因又氣之原因數者事之必然知理之數則形氣自莫能外矣故以為窮神知化也。

又曰：「欲知道不可以不知仁。欲知仁不可以不知義。欲知義不可以不知禮。欲知禮不可以不知數

九九積數圖

一	九	八十一	七百二十九
二	十八	百六十二	一千四百五十八
三	二十七	二百四十三	二千一百八十七
四	三十六	三百二十四	二千九百一十六
五	四十五	四百有五	三千六百四十五
六	五十四	四百八十六	四千三百七十四
七	六十三	五百六十七	五千一百有三
八	七十二	六百四十八	五千八百三十二
九	八十一	七百二十九	六千五百六十一

者，禮之序也。知序則幾矣。」仁義二者仁為空名義則所以行仁禮之於義亦然數者禮之所以然也。知數，則所行之禮皆不差忒於仁義無遺憾，於道亦無不合矣此說將仁義禮一以貫之即所以使道與數合而為一

也。

又曰：「數運無形而著有形智者一之，愚者二焉數之方生化育流行數之已定物正性命圓行方止爲物終始隨之而無其端也迎之而無其原也渾之惟一析之無極惟其無極是以惟一」此言原因結果之間，所以無豪釐差忒者以其本是一體惟本是一體，而分析特人所強爲故豪釐不得差忒以其析之無窮而仍豪釐不得差忒可見其本是一體，而分析特人之所爲也。

又曰：「數者動而之乎靜者也象者靜而之乎動者也動者用之所以行。靜者，體之所以立。用既爲體體復爲用體用相仍此天地萬物所以化生而無窮也」此所謂靜者謂人所能認識之現象動者現象之所由成也用既爲體用體復爲用言現象皆有其所以然之原因而此現象復爲他現象之原因也。

又曰：「順數則知物之所始逆數則知物之所終。數與物非二體也與物非二致也。大而天地，小而豪末；明而禮樂幽而鬼神；知數即知物也，知始即知終也。九峯所謂數即宇宙定律之謂明乎宇宙定律則於一切事物無不通貫矣故曰：「物有其則，數者盡天下之物則；事有其理，數者盡天下之物理」也。

以上所引皆洪範皇極中精語略舉數條不能盡也然亦可見宋代理學家：其學雖或偏於術數而其意恆在明理其途徑雖或借資異學而多特有所見不爲成說所囿後人訾讞之辭實不盡可信也。

篇十二 陽明之學

陽明之學，蓋遠承象山之緒而其廣大精微又非象山所及。

一種哲學必有其特異之宇宙觀及人生觀，此理前已言之。陽明之學，雖不能離乎宋儒，而別為一學，然以佛教譽之，固卓然立乎程朱之外，而自成一宗者矣。其宇宙觀及人生觀果有以特異於程朱乎？曰：有。

宋學至朱子而集其大成，其異乎朱子者如陸子，則當陽明時其說不甚盛行，故朱子之學在當時實宋學之代表也。朱子以宇宙之間有形迹可指目想像者皆名為氣，而別假設一所以然者，名之曰理。形迹之已然者，不能盡善然追溯諸未然之時，固不能謂其必當如是，故以理為善，凡惡悉委諸氣。本此以論人，則人人可以為善，而未必人人皆能為善。其可以為善者理也，於是分性為義理氣質兩端，義理之性惟未生時有之，已墮形氣之中，則無不雜以氣質者。人欲為善必須克去其氣質之偏，使不為天理之累而後可。朱子論理氣及人性之說如此。

陽明之說則不然。陽明以理氣為一，謂「理者氣之條理，氣者理之運用。無條理固不能運用；無運用亦無所謂條理矣。」然則所謂理與氣者明明由人之觀念析之為二，在彼則實為一物也。然則理不盡善氣亦

不盡善乎？曰：不然理者氣之流行而不失其則者也。春必繼以夏，秋必繼以冬，此卽氣之流行之則，卽是理，純粹至善者也。其流行之際，不能無偶然之失，則如冬而燠夏而寒，是爲愆陽伏陰愆陽伏陰卒歸於太和。可見流行雖有偶差，主宰初未嘗失主宰之不失卽至善也。（陽明門下論理氣合一最明白者當推羅整庵。整庵之說曰：「通天地亙古今無非一氣而已氣本一也。動靜往來闔闢升降循環無已積微而著由著復微而時之溫涼寒暑爲萬物之生長收藏爲斯民之日用彝倫爲人事之成敗得失千條萬緒紛紜轇轕而卒不克亂莫知其所以然而然是卽所謂理也。初非別有一物依於氣而立附於氣以行或因易有太極之說乃疑陰陽之變易類有一物主宰乎其間是不然矣。〇理者氣之條理之說雖暢發於陽明實亦原於宋儒。張子謂「虛空卽氣。」「天地之氣雖聚散攻取百途然其爲理也順而不妄」程子謂「天地之化一息不留疑其速也然寒暑之變甚漸」朱子曰：「有個天理便有個安頓處。才安頓得不恰好便有個人欲出來。」皆陽明之說之先河也。

推此以論人，則氣卽心理卽性心與性之不可歧而爲二猶理與氣之不可歧而爲二也。宇宙全體，無之非氣，卽無之非理人稟氣以生卽稟理以生也人心千頭萬緒感應紛紜而不昧其感應流行也其不昧主宰也感應不能無失猶氣之流行不能無愆陽伏陰其終能覺悟其非則卽其主宰之不昧也故理善氣亦善性

善心亦善（上知下愚，所稟者同是一氣。然一知一愚者，上知所稟之氣清，下愚所稟之氣濁也。而有清濁之分何也？曰氣不能無運行，運行則有偏勝雜糅之處，有清濁矣。然論其本則同是一氣。惡在偏勝雜糅，不在氣也。故氣不可謂之惡。○性善）宋儒以人之不善歸咎於氣質稟。陽明則歸咎於習。所謂習者，非有知識後始有，并非有生後始有之氣之偏勝即習之所從出也。如仁者易貪知者易詐勇者易暴其仁即聖人之仁，其知即聖人之知，以其勇即聖人之勇，以其所稟氣時即有之氣之偏勝故習之所稟以流於貪詐暴者則以其氣有偏勝故此當學以變化之。惟雖有偏勝，而其本質仍善故可變化若其質本惡，則不可變矣。陽明之說如此，實亦自宋儒之說一轉手耳。○失在流行，不在本體，故只有過不及無惡）

氣之流行而不失其則者，理也心之感應而不昧其常者，性也理與氣非二，則性與心非二，欲知氣之善，觀其流行而不失其則，知之矣欲求心之善，於其感應之間，常勿失其主宰即得之矣此主宰即陽明之所謂知也。而致良知之說以立。

夫謂良知即人心之主宰者，何也？陽明以天地萬物為一體。其言曰：「自其形體而言謂之天。自其主宰而言謂之帝。自其流行而言謂之命。自其賦於人而言謂之性。自其主於身而言謂之心。心之發謂之意。意之體謂之知。其所在謂之物。」蓋宇宙之間本無二物。我之所稟以生者，即宇宙之一部分，其原質與天地萬物一體謂之知。

無不同。(故曰人與天地萬物一體,非以天地萬物為一體也。陽明之言曰:「人的良知,就是草木瓦石的良知豈惟草木瓦石天地無人的良知亦不可為天地矣。蓋天地萬物與人原是一體其發竅之最精處是人心一點靈明。故五穀禽獸之類皆可以養人藥石之類皆可以療疾只為同此一氣故能相通耳。」錢緒山曰:「天地間只有此知天只此知之虛明地只此知之凝聚鬼神只此知之妙用日月只此知之流行人與萬物只此知之合散;而人只此知之精粹也此知運行萬古有定體故曰太極無聲臭可即故曰無極。」歐陽南野曰「道塞乎天地之間所謂陰陽不測之神也神凝而成形神發而為知知者神之所為也神無方無體其在人為視聽為言動為喜怒哀樂其在天地萬物則發育峻極故人之喜怒哀樂與天地萬物周流貫澈而無彼此之間」云云陽明之學於一元之論可謂發揮盡致矣。)而此原質自有其發竅最精之處此處即我之心也,意也知也同物而異名故用力於知即用力於心而用力於心而用力於造成我之物質發竅最精之處也此致良知之說所由來也。

不曰用力於心而曰用力於知者,何也曰心意知同體不離;舍意則無以見心,舍知則無以見意也。故曰:「心無體以知為體」然知亦非能離所知而獨存也。故曰「知無體以感應是非為體」「心之本體至善,然發於意則有善有不善」此猶主宰雖是而流行之際不能無差也意雖有善有不善「然知是知非之知

未嘗不知」則猶流行偶差,而主宰常存也。心之體,既必卽意與知而後可見,則欲離意與知而用力於心者,自係邪說詖辭,故曰:「欲正心者本體上無可用功。必就其發動處著力。知其是而為之,知其非而不為,是為致知。知至則意誠,意誠則心正,心正則身修,故曰:大學之要,在於誠意,誠意之功,在於格物,誠意之極厥惟止至善」也。陽明之學之綱領如此。

所謂格物者非謂物在外而以吾心格之也,意之所在謂之物,故曰:「意在於事親事親便是一物。意在於事君事君便是一物。意在於視聽言動視聽言動便是一物」;意之所在謂之物何也?曰:「一念未萌則萬境俱寂念之所在境則隨生如念不注於目前則泰山觀面而不睹念苟注於世外則蓬壺遙隔而成象」矣。(塘南之言)蓋知者能知,物者所知,所之不能離能猶能之不能離所也。故曰「無心外之理無心外之物」。故理一者,在我之主宰分殊者主宰之流行故曰「物之無窮只是此心之生生」而已。故無所謂物之善不善只有此心之正不正也。(塘南曰:「事之體強名曰心,心之用名曰事也。」又曰:「心常生者也。自其生生而言卽謂之事。未有有心而無事,有事而無心者。故充塞宇宙皆心也皆事也,故視聽言動,子臣弟友辭受取予皆心也。洒掃應對便是形而上者。學者終日乾乾只默識此心之生理而已。時時默識,內

不落空外不逐物，一了百了，無有零碎本領之分也。」又曰：「盈天地間皆物也，何以格之？惟以意之所在為物，則格物之功非逐物亦非離物也。至博而至約矣。」○尤西川格訓通解曰：「陽明格物，其說有二曰：知者意之體格物者意之用。如意在於事親，即事親為一物只要去其心之不正，以全其本體之正，故曰格者正也。又曰：致知在格物者致吾心之良知於事事物物，則事事物物皆得其理矣。致吾心之良知者致知也事事物物皆得其理者物格也前說似專舉一念後說則並舉事物物若相戾者然性無內外而心外無物二說只一說也。」西川名時熙字季美洛陽人）

流行主宰即是一事主宰即見於流行之中非離乎流行而別有其寂然不動之一時也。故心之動靜亦非二時欲正心者必動靜皆有事焉。陽明曰：「太極生生之理，妙用無息，而常體不易。太極之生生，即陰陽之生生就其生生之中指其妙用無息者而謂之動謂之陽之生非謂動而後生陽也。指其常體不易者而謂之靜謂之陰非謂靜而後生陰也。若靜而後生陰動而後生陽則是陰靜陽動截然各自為一物矣。」此就陰陽動靜之生非謂靜而後生陰動而後生陽也。指其常體不易者而謂之靜謂之陰非謂靜而後生陰也學無間於動靜其靜也常覺而未嘗無也故常應其動也常定而未嘗有也故常寂常應常寂動靜皆有事焉是之謂集義所謂動亦定靜亦定者也心一而已靜其體也而復求靜根焉是撓其體也動其用也而懼其易

動焉是廢其用也故求靜之心即動也惡動之心非靜也是之謂動亦動靜亦動故循理之謂靜從欲之謂動。」陽明正心之說皆自其宇宙觀來故曰必有新宇宙觀而後有新人生觀人生觀與宇宙觀實不容分析為二也。(陽明曰:「告子只在不動心上著功孟子便真從此心原不動處分曉心之本體原是不動的只為所行有不合義便動了孟子不論心之動不動只是集義所行無不是義此心自然無可動處。○傳習錄「無善無惡者理之靜有善有惡者氣之動不動於氣即無善無惡是為至善。」:「佛氏亦無善無惡何以異曰:「佛氏著在無上便一切不管聖人無善無惡只是無有作好無有作惡不作好惡非是全無好惡只是好惡一循於理不去著一分意思即是不曾好惡一般曰:然則好惡全不在物曰:只在汝心循理便是善動氣便是惡世儒惟不知此舍心逐物將格物之學錯看了)

陽明之學雖極博大精微然溯其原則自「心即理」一語來而已。故曰陽明之學遠承象山之緒也然其廣大精微則實非象山所及此亦創始者難為功繼起者易為力也。

人心不能無妄動然真妄原非二心故苟知其妄則妄念立除而真心此即立現故曰:「照心非動者,以其發於本體明覺之自然,而未嘗有所動也妄心亦照者,以其本體明覺之自然者未嘗不存於其中但有所動耳無所動即照矣。」夫妄心之所以能覺者以良知無時而不在也故曰:「七情順其自然之流行皆是良

知之用。但不可有所著。七情有著，俱謂之欲。（有著即所謂動也。陽明又曰：「理無動者也，動即為欲。」然才有著時良知亦自會覺即蔽去復其本體矣。此處能看得破，方是簡易透測工夫。」又曰：「雖妄念之發而良知未嘗不在。但人不知存則有時而或放耳。雖昏塞之極而良知未嘗不明。但人不知察則有時而或蔽耳」又曰「良知無過不及，知過不及的是良知」夫如是，則為善去惡之功實惟良知是恃，故曰：「一點良知是爾自家的準則。爾只不要欺他，實實落落依他做去，善便存，惡便去，何等穩當，此便是致知的實功」

人心雖動於妄，而良知未嘗不知，故致知之功實大可恃。良知雖無時不存，而不能不為物欲所蔽，故致知之功必不容緩。以良知為足恃，而遂忘致之之功，則所謂良知亦終為物欲所蔽耳故曰：「良知之發更無私意障礙即所謂充其惻隱之心而仁不可勝用。常人不能無私意所以須用致知格物之功。」又曰：「知得善卻不依這個良知便做去，知得不善卻不依這個良知便不去做，這個良知便遮蔽了」又曰：「天理即是良知。良知愈思愈精明。若不精思漫然隨事應去良知便粗了。然「學以去其昏蔽於良知之本體，初不能有加於毫末。」此義亦不可不知。

知是知非之良知不能致，即將昏蔽於何驗之曰：觀於人之知而不行，即知之矣。蓋良知之本體原是即

知即行。苟知之而不能行,則其知已非真知,即可知其為物欲所蔽矣。「徐愛問:今人儘有知當孝當弟,卻不能孝不能弟,知行分明是兩件曰此已被人欲間斷,不是知行本體,未有知而不行者,知而不行只是未知聖賢教人知行正是要復那本體故大學指個真知行與人看說如好好色如惡惡臭,見好色屬知好好色屬行只見好色時已自好了,不是見後又立個心去好。聞惡臭屬知,惡惡臭屬行只聞惡臭時已自惡了;不是聞後別立個心去惡。(龍溪曰「孟子說孩提之童無不知愛其親,及其長也無不知敬其兄。止曰知而已知便能了更不消說能愛能敬」)知是行的主意,行是知的工夫。知是行之始,行是知之成。若會得時只說一個知已自有行在只說一個行已自有知在(故曰:「知之真切篤實處便是行,行之明覺精察處便是知。」)古人所以既說知,又說行者,只為世間有一種人,懵懵懂懂任意去做,全不解思維省察,只是個冥行妄作,所以必說個知,方才行得是。又有一種人,茫茫蕩蕩懸空去思索,全不肯著實躬行,只是個揣摩影響,所以必說一個行,方才知得真。此是古人不得已補偏救弊的話」「此已被私欲間斷,不是知行本體」一語最精。好好色惡惡臭之喻尤妙。「見好色時已是好了,不是見後又立個心去好聞惡臭時,已自惡了,不是聞後別立個心去惡」人之所知一切如此,豈有知而不行之理?見好色而強抑其好之之心,聞惡臭而故絕其惡之之念,非有他念不能然,此即所謂間斷也。良

知之有待於致,卽欲去此等間斷之念而已矣。

真知未有不行者;知而不行只是未知,故欲求真知,亦必須致力於行。此卽所謂致也,故曰:「人若真切用功,則於此心天理之精微日見一日,私欲之細微亦日見一日。若不用克己功夫天理私欲終不自見。如走路一般走得一段方認得一段走到歧路有疑便問問了又走方才能到今於已知之天理不肯存,已知之人欲不肯去,只管愁不能盡知,閒講何益?」

知行既係一事則不知自無以善其行,陽明曰:「今人學問只因知行分作兩件,故有一念發動雖是不善卻未曾行便不去禁止,我今說個知行合一,正要人曉得一念發動處便卽是行;就將這不善的念克倒了,使那一念不善潛伏在胸中」人之爲如何人見於著而實積於微,知者行之微,行者知之著,若於念慮之微不加禁止則惡念日積雖欲矯強於臨時必不可得矣。大學曰:「小人閒居爲不善見君子而後厭然揜其不善而著其善人之視已如見其肺肝然則何益矣?此謂誠於中形於外故君子必愼其獨也」正是此理。

凡事欲倉卒取辦未有能成者非其事之不可成乃其敗壞之者已久也,然則凡能成事者皆非取辦於臨時,乃其豫之者已久也。欲求豫則必謹之於細微,欲謹之於細微則行之微(卽知。)有不容不措意者矣,故非知無以善其行也,故曰:知行是一也。

知行合一之理，固確不可易。然常人習於二之之既久，驟聞是說，不能無疑。陽明則一一釋之。其說皆極精當。今錄其要者如下：

「徐愛問：至善只求諸心，恐於天下事理有不能盡。曰：心即理也。此心無私欲之蔽，即是天理。不須外面添一分。以此純乎天理之心發之事父便是孝；發之事君便是忠；發之交友治民便是信與仁。愛曰：如事父一事，其間溫凊定省之節目亦須講求否？曰：如何不講求？只是有個頭腦，只就此心去人欲存天理上講求。此心若無人欲純是天理：是個誠於孝親之心冬時自然思量父母寒，自去求溫的道理。夏時自然思量父母熱，自去求凊的道理。譬之樹木這誠孝的心便是根；許多條件便是枝葉。須先有根然後有枝葉。不是先尋了枝葉然後去種根」陽明此說即陸子所謂先立乎其大者也。「溫凊定省之類有許多節目」最爲恆人所致疑得此說而存之而其疑可以豁然矣。（陽明曰「聖人無所不知只是知個天理。無所不能的只是能個天理。天下事物如名物度數草木鳥獸之類不勝其煩雖是本體明了，亦何緣能盡知但不必知的聖人自不消求知其所當知者聖人自能問人。知得一個天理，便自有許多節文度數出來」此說與朱子「生而知之者義理禮樂名物必待學而後知」之說似亦無以異然朱子謂人心之知必待理無不窮而後盡，陽明則雖名物度數之類有所不知而仍不害其爲聖人此其所以爲異也。

枝葉條件，不但不必豫行講求也，亦有無從豫行講求者。陽明曰：「良知之於節目事變猶規矩尺度之於方圓長短也，節目事變之不可豫定猶方圓長短之不可勝窮也。舜之不告而娶豈舜之前已有不告而娶者爲之準則邪？抑亦求諸一念之良知權輕重之宜不得已而爲此邪？武之不葬而興師豈武之前已有不葬而興師者爲之準則邪？抑亦求諸一念之良知權輕重之宜不得已而爲此邪？後之人不務致其良知以精察義理於此心感應酬酢之間，顧欲懸空討論此等變常之事執之以爲制事之本，其亦遠矣。」懸空討論變常之事愈詳則致其良知之功愈荒，致其良知之功愈荒則感應酬酢之間愈不能精察義理以此而求措施之悉當是卻行而求及前人也故曰「在物爲理處物爲義在性爲善因所指而異其名其實皆吾心之處事物純乎天理而無人欲之雜謂之善，非在事物上有定則可求也」（又曰「良知自然的條理便謂之義，順這個條理便謂之禮，知這個條理便謂之智，終始這個條理便謂之信。」）

學所以求是也以良知爲準則以其知是知非也今有二人於此各準其良知以斷一事之是非，不能同也而況於多人乎抑且不必異人卽吾一人之身昨非今是之事亦不少也良知之知是知非果足恃乎？陽明曰：「凡處得有善有未善及有困頓失次之患皆是牽於毀譽得喪不能實致其良知耳實致其良知然後知平日所謂善者未必是善。」或謂心所安處是良知。陽明曰：「固然但要省察恐有非所安而安者。」又謂「人

或意見不同還是良知有纖翳潛伏」此說與伊川「公則一，私則萬殊人心不同如面只是私心」之說，若合符節。蓋良知雖能知是知非然恆人之良知為私欲蒙蔽已久非大加省察固未易灼見是非之真也。然則現在之良知遂不足為準則乎？是又不然恆人之良知固未能造於其極然亦皆足為隨時之用。如行路然登峯造極之境固必登峯然而後知隨時所見固亦足以定隨時之程途也故曰：「我輩致知只是各隨分量所及。今日良知見在如此便隨今日所知擴充到底。明日良知又有開悟便隨明日所知擴充到底。」故曰：「洒掃應對就是物。童子良知只到這裏，敎他這一點良知我這裏格物自童子以至聖人皆是此等工夫。」真可謂簡易直截矣。

致知既以心為主則必使此心無纖豪障翳而後可隨時知是知非隨時為善去惡皆是零碎工夫。如何合得上本體？此則賢知者之所疑也。陽明亦有以釋之。傳習錄：「問先生格致之說隨時格物以致其知則知是一節之知，非全體之知也。何以到得溥博如天淵泉如淵地位曰心之本體無所不該原是一個天只為私欲障蔽則天之本體失了心之理無窮盡原是一個淵只為私欲窒塞則淵之本體失了。如念念致良知將此障蔽窒塞一齊去盡則本體已復便是天淵了。因指天以示之曰如面前所見是昭昭之天。四外所見亦只是

昭昭之天只為許多牆壁遮蔽不見天之全體若撤去牆壁總是一個天矣。於此便見一節之知卽全體之知；全體之知只一節之知總是一個本體。」蓋零碎工夫皆係用在本體上零碎工夫多用得一分卽本體之障蔽多去得一分及其去之淨盡卽達到如天如淵地位矣此致良知之工夫所以可在事上磨練也。

以上皆陽明所以釋致良知之疑者統觀其說精微簡捷可謂兼而有之矣。梨洲曰：「先生閔宋儒之後，學者以知識爲知謂人心之所有者，不過明覺，而理爲天地萬物之所公共，必窮盡天地萬物之理，然後吾心之明覺與之渾合而無間，說是無內外其實全靠外來聞見以填補其靈明。先生以聖人之學心學也心卽理也。故於格物致知之訓，不得不言致吾心之良知於事事物物則事事物物皆得其理。以知識爲知則輕浮而不實故必以力行爲工夫良知感應神速無有等待本心之明卽知不欺本心之明卽行也，不得不言知行合一。」龍溪曰：「文公分致知格物爲先知誠意正心爲後行，故有游騎無歸之慮；必須敬以成始涵養本原始於身心有所關涉。」文公分分致知格物正是誠意工夫誠卽是敬，一了百了不待合之於敬而後爲全經也。」

蕺山曰：「朱子謂必於天下事物之理件件格過以幾一旦豁然貫通故一面有存心一面有致知之說非存心無以致知，而存心又不可以不致知，兩事遞相君臣迄無把柄旣已失之支離矣至於存心之中分爲兩條：曰生而知之者義理禮樂名物必待學而後有以驗其是非曰靜而存養動而省察致知之中又復分爲兩途：

之實安往而不支離也？」此朱學與王學之異也。

良知之說以一念之靈明爲主凡人種種省可掩飾，惟此一念之靈明決難自欺，故陽明之學，進德極其勇猛，勘察極其深切。陽明嘗謂「志立而學半」又謂「良知上留得些子別念卦帶便非必爲聖人之志」

又曰：「凡一豪私欲之萌只責此志不立則私欲卽退聽，一豪客氣之動只責此志不立則客氣便消除責志之功其於去人欲，有如烈火之燎毛太陽一出而罔兩潛消也。」此等勇猛精進之說前此儒者亦非無之然無致良知之說以會其歸則其勘察終不如陽明之眞湊單微鞭辟入裏而其克治亦終不如陽明之單刀直入陵厲無前也。陽明之自道曰：「賴天之靈偶有悟於良知之學，然後悔其向之所爲者固包藏禍機作僞於外而心勞日拙者也。十餘年來雖痛自洗剔創艾而病根深痼萌蘗時生所幸良知在我操得其要譬猶舟之得舵雖驚風巨浪顚沛不已猶得免於傾覆者也」（寄鄒謙之書。）包藏禍機誰則能免苟非以良知爲舵，亦何以自支於驚風巨浪之中乎良知誠立身之大柄哉？

「心卽理」一語實爲王學驪珠惟其謂心卽理，故節文度數，皆出於心；不待外求心體明卽知無不盡。

亦惟其謂心卽理故是非善惡皆驗諸心隱微之地有鬼雖有驚天動地之功猶不免於不仁之歸也。陽明曰：

「世人分心與理爲二便有許多病痛如攘夷狄尊周室，都是一個私心便不當理人卻說他做得當理只心

有未純往往慕悅其所為,要來外面做得好看,卻與心全不相干。分心與理為二,其流至於霸道之偽而不自知。故我說個心即理,要使知心理是一個,便來心上做工夫,不去襲取於義,便是王道之真。」陽明此說卽董子「正其義不謀其利,明其道不計其功」之真詮。持功利之說者往往謂無功無利,要道義何用?又安得謂之道義殊不知功利當合多方面觀之,亦當歷長時間而後定。持功利之說者之所謂功利,皆一時之功利,不足詁將來以禍患自持道義之說者觀之,將來之禍患皆其所自招。若早以道義為念,則此等禍害皆消弭於無形矣。佛所以喻世俗之善為「如以少水而沃冰山,暫得融解還增其厚」也。功利之說與良知之說最不相容,故陽明關之甚力。陽明之言曰:「聖人之學日晦,功利之習愈趨愈下。其間雖嘗瞀惑於佛老,卒未有以勝其功利之心;又嘗折衷於羣儒,亦未有以破其功利之見。」可謂深中世人隱微深痼之病矣。今之世界,孰不知其功惡之深?亦孰不知其禍害之烈?試問此罪惡禍害何自來邪?從天降邪?從地出邪?非也,果不離因,仍不得不謂為人所自為人何以造此罪惡?成此禍害?則皆計一時之功,而不計久遠之功,圖小己之利,而不顧大我之利為之也。此即所謂功利之見也。惟舉世滔滔皆鶩於功利之徒,故隨功利而來之禍害日積月累而不可振救。陽明之言可謂深得世病之癥結矣。

「學不至於聖人終是自棄」為學者誠皆當有此志。然人之才力,天實限之,謂人人可以為聖人,驗諸

事實，終是欺人之語。此所以雖有困知勉行，及其成功一也之說，仍不能使人自奮也。陽明謂聖人之所以為聖，在其性質而不在其分量。此說出而後聖人眞可學而至實前古未發之論也。陽明之言曰：「聖人之所以為聖，只是其心純乎天理而無人欲之雜猶精金之所以為金但以其成色足而無銅鉛之雜也聖人之才力，亦有大小不同猶金之分兩有輕重所以為精金者在足色而不在分兩故凡人而肯為學使此心純乎天理，則亦可以為聖人後世不知作聖之本卻專在知識才能上求聖人以為聖人無所不知無所不能我須是將聖人許多知識才能逐一理會始得不務去天理上著工夫徒弊精竭力從册子上鑽研名物上考索形迹上比擬。知識愈廣，而人欲愈滋才力愈多，而天理愈蔽正如見人有萬鎰精金不務鍛鍊成色無愧彼之精純而乃妄希分兩務同彼之萬鎰錫鉛銅鐵雜然而投分量愈增成色愈下及其梢末無復有金矣」又曰：「後儒只在分兩上較量所以流入功利若除去了比較分兩的心各自儘著自己力量精神只在此心純乎天理上用功。即人人自有個個圓成便能大以成大小以成小不假外慕無不具足。此便是實實落落明善誠身的事了。」陽明此說亦從心即理上來蓋惟其謂心即理故全乎其心即更無欠缺非如謂理在心外者心僅有其靈明，必格盡天下之物乃於理無不盡而克當聖之目也。（陽明又曰：「良知人人皆有聖人只是保全無些子障蔽兢兢業業亹亹翼翼自然不息便也是學只是生的分數多所以謂之生知安行衆人自孩提之童莫

不完具此知只是障蔽多然本體之知自難泯息雖問學克治也只憑他只是學的分數多所以謂之學知利行」）

陽明與程朱之異乃時會爲之不必存入主出奴之見也。蓋自周子發明「以主靜立人極」而人生之趨向始定。程子繼之發明「涵養須用敬進學在致知」而求靜之方始明。夫所謂靜者卽今所謂合理而已。人如何而能合理？第一當求理無不明。第二當求既明理則不至與之相違。由前之說所謂進學在致知；由後之說則所謂涵養須用敬也。求合理之初步自只說得到如此。逮其行之既久然後知事物當然之理雖在於外物實則具於吾心。理有不明實由心之受蔽欲求明理亦當於心上用功；正不必將進學涵養之理分爲兩事也。此非朱之說行之者衆體驗益深不能見到。故使陽明而生程朱之時未必不持程朱之說使程朱而生陽明之世亦未必不持陽明之說爲學如行修途後人之所行固皆繼前人之所進而進也此理非陽明所不知顧乃自撰朱子晚年定論以詁人口實則以是時朱子之學方盛行說與朱子相違不易爲人所信故借此以警覺世人且陽明理學家非考據家歲月先後考核未精固亦不足爲陽明病也（朱子晚年定論者陽明龍場悟後之作輯朱子文三十四篇皆與己說相合者謂朱子晚年之論如此；四書集注或問等其中年未定之論也當時羅整庵卽詰書辯之謂所取朱子與何叔京書四通何實卒於淳熙乙未後二年丁酉而論孟集注始成。

後陳建撰學蔀通辨取朱子之說,一一考核其歲月,而陽明之誤益見矣。然陽明答整庵書亦已自承歲月先後,考之未精謂意在委曲調停不得已而爲此也。○羅整庵名欽順字允升泰和人。陳建字廷肇號清瀾東莞人。)

篇十三　王門諸子

黃梨洲曰:「陽明之學始汎濫於詞章繼而徧讀考亭之書循序格物顧物理吾心終判爲二無所得入。於是出入於佛老者久之及至居夷處困動心忍性因念聖人處此更有何道忽悟格物致知之旨聖人之道吾性自足不假外求其學凡三變而始得其門自此以後盡去枝葉一意本原以默坐澄心爲學的有未發之中始能有發而中節之和視聽言動大率以收歛爲主發散是不得已江右以後專提致良知三字默不假坐,心不待澄不習不慮出之自有天則蓋良知卽是未發之中此知之前更無未發良知卽是中節之和此知之後更無已發此知自能收歛不須更主於收歛此知自能發散不須更期於發散收歛者感之體靜而動也發散者寂之用動而靜也知之真切篤實處卽是行行之明覺精察處卽是知無有二也居越以後所操益熟所得益化時時知是知非時時無是無非開口便得本心更無假借湊泊如赤日當空而萬象畢照是學成之後,

又有此三變也。」陽明江右以後境界乃佛家所謂中道非學者所可驟幾其自言教人之法則曰:「吾昔居滁時見諸生多務知解無益於得姑教之靜坐一時窺見光景頗收近效久之漸有喜靜厭動流入枯槁之病故邇來只說致良知良知明白隨你去靜處體悟也好隨你去事上磨鍊也好良知本體原是無動無靜的。」良知本體既無動無靜即不當更有動靜之分且無更何有於偏主?然後來學者似皆不能無所偏。則以中道非夫人所能各因其性之所近而其用力之方有不同其所得遂有不同也

陽明之學首傳於浙中浙中王門以緒山龍溪為眉目而二子之學即有異同具見於傳習錄及龍溪之天泉證道記。此事為王門一重公案為陽明之學者議論頗多今略述其事如下:

嘉靖六年九月陽明起征思田將行緒山與龍溪論學緒山舉陽明教言曰:「無善無惡心之體有善有惡意之動知善知惡是良知為善去惡是格物。」龍溪曰:「此恐未是究竟話頭若說心體是無善無惡意亦是無善無惡知亦是無善無惡物亦是無善無惡矣若說意有善惡畢竟心體還有個善惡在」緒山曰:「心體是天命之性原無善惡但人有習心意念上見有善惡在格致誠正脩此是復性體工夫若原無善惡工夫亦不消說矣是夕坐天泉橋請正於陽明。陽明謂:「二君之見正好相資不可各執一邊我這裏接人原有二種:利根之人直從本源上悟入人心本體原是明瑩無滯原是個未發之中利根之人一悟本體即是工夫人己內

外，一齊俱透。其次不免有習心在，不體受蔽。故且教在意念上實落爲善去惡。工夫熟後渣滓去盡，本體亦明淨了。汝中之見是我接利根人的。德洪之見是我爲其次立法的。相取爲用則中人上下皆可引入於道若執一邊，眼前便有失人便於道有未盡」既而曰：「利根之人世亦難遇人有習心不教他在良知上實用爲善去惡工夫只去懸空想個本體一切事爲俱不著實不是小小病痛不可不早說破」

以上略據傳習錄龍溪所記無甚異同。而鄒東廓記其事則云：「緒山曰：至善無惡者心有善有惡者意。知善知惡是良知爲善去惡是格物。龍溪云心無善而無惡意無善而無惡知無善而無惡物無善而無惡」至善無惡與無善無惡頗相逕庭。劉蕺山謂：「陽明天泉之言與平時不同平時常言至善是心之本體又言至善只是盡乎天理之極而無一毫人欲之私又言良知即天理有時說無善無惡者理之靜亦未嘗徑說無善無惡是心體」黃梨洲謂：「考之傳習錄因薛中離（薛侃字尙謙號中離廣東揭陽人）去花間草陽明言無善無惡者理之靜有善有惡者氣之動蓋言靜爲無善無惡不言理爲無善無惡理即是善也獨天泉證道記有無善無惡心之體有善有惡意之動之語夫心之體即理也心體無間於動靜若心體無善無惡則理是無善無惡陽明不當但指共靜時言之矣釋氏言無善無惡正言無理也善惡之名從理而立既已有理安得言無善無惡？」「心體果是無善無惡則有善有惡之意從何處來？知善知惡之知又從何處來？爲善

去惡之功，從何處起？無乃語語斷流絕港乎」因謂四句教法，陽明集中不經見，疑其出於龍溪。又謂緒山所舉四語首句當依東廓作至善無惡亦緒山之言非陽明立以為教法。何善山（何廷仁，字性之，號善山，江西雩縣人）云「無善無惡者指心之感應無迹過而不留天然至善之體也有善有惡者心之感應謂之意物而不化著於有矣故曰意之動若以心為無以意為有是分心意為二非合內外之道也」案此所爭皆失緒山之意緒山釋無善無惡者心之體曰：「至善之體惡固非其所有善亦不得而有也至善之體虛靈也虛靈之體不可先有乎善猶明之不可先有乎色聰之不可先有乎聲也目無一色故能盡萬物之色耳無一聲故能盡萬物之聲心無一善故能盡天下萬事之善今之論至善者乃索之於事事物物之中先求其所謂定理者以為應事宰物之則是虛靈之內先有乎善是耳未聽而先有乎色也塞其聰明之用而窒其虛靈之內先有乎色聰之不可先有乎聲也目無一色故能盡萬物之色耳無一聲故能盡萬物之聲心無一善故能盡天下萬事之善今之論至善者乃索之於事事物物之中先求其所謂定理者以為應事宰物之則是虛靈之內先有乎善是耳未聽而先有乎聲目未視而先有乎色也塞其聰明之用而窒其虛靈之體也今人乍見孺子入井皆有怵惕惻隱之心。聖人不能加而塗人未嘗減也但塗人擬議於乍見之後涉入納交要譽之私而聖人果憂怵惕惻隱之不足邪抑去其蔽以還其乍見之初心也虛靈之蔽不但邪思惡念雖至美之念先橫於中積而不化已落將迎意必之私而非時止時行之用矣故先師曰無善無惡者心之體是對後世格物窮理之學先有乎善者言之也」然則緒山所謂無善無惡卽其所謂至善者也（龍溪東廓所記辭異意同。○緒山又曰「善惡之機，

縱其生滅相尋於無窮，是藏其根而惡其萌蘗之生濁其源而辨其末流之清也。是以知善知惡爲知之極，而不知良知之體本無善惡也。知有爲有去之爲功而不知究極本體施功於無爲乃眞功也。正念無念之念，本體常寂。」或問：「胸中擾擾必猛加澄定方得漸清。」曰「此是見上轉有事時此知著在事上事過此知又著在虛上動靜二見不得成片若透得此心澈底無欲雖終日應酬百務本體上何曾加得一豪事了卽休一過無迹本體上何曾減得一豪」可與前所引之言參看。○周海門謂：「發明心性處善不與惡對如中心安仁之仁，不與忍對主靜立極之靜不與動對大學善上加一至字實絕名言無對待之辭天地貞觀不可以貞觀爲天地之善日月貞明不可以貞明爲日月之善星辰有常度不可以有常度爲星辰之善嶽不可以峙爲嶽川不可以流爲善有不孝而後有孝子之名有不忠而後有忠臣之名有不忠若有忠便非忠矣。」亦與緒山之說相發明。○海門名汝登字繼元嵊縣人）蕺山梨洲所疑可以釋矣。至善山所疑亦在字句之間彼所謂「感應無迹過而不留」者，卽陽明所謂「理之靜」亦卽其所謂「盡乎天理之極，而無一豪人欲之私。」其所謂「物而不化著於有」者，卽其所謂「氣之動」亦卽其所謂「人欲。」二者自然皆出於心特龍溪東廓所記皆辭取對偶徑以心與意爲相對之詞未嘗詳言之曰：「無善無惡心之體有善有惡乃心之動而離乎體者亦謂之意」又未嘗於意字之下加一注語曰「卽心之動而失

其體者」遂致有此誤會耳。（梨洲曰:「如緒山之言,則心體非無善無惡而有善有惡者,意之病也。心既至善,意本澄然無動意之靈即是知意之明即是物」案此亦立名之異梨洲名澄然無動者為意動而不善者為意之病,緒山則名澄然無動者為心其動而不善者則但名之為意耳）

羅念菴曰:「緒山之學數變其始也,有見於為善去惡者以為致良知也。已而曰:良知者,無善無惡者也。吾安得執以為有而為之?而又去之己又曰:吾惡夫言之者淆也,無善無惡者見也,非良知也,吾所知以為善者而行之以為惡者而去之,此吾所能為者也,其不出於此者,非吾所得為也,又曰:向吾之言猶二也,非一也,夫子嘗有言矣曰:至善者心之本體動而後有不善也,吾不能必其無不善吾無動焉而已彼所謂意者動也非是之謂勤也,吾所謂勤動於動為者也吾惟無動則在吾者常一矣。」所謂「動於動」者即陽明所謂「氣之動」之至微者也。故知緒山之言與陽明實不相背也。

至龍溪所謂「心體是無善無惡意亦是無善無惡,知亦是無善無惡,物亦是無善無惡;若說意有善惡,畢竟心體還有個善惡在」者?證道記自申其說曰:「顯微體用只是一機心意知物只是一事,天命之性,粹然至善神感神應其機自不容已惡固本無亦不可得而有也,若有善有惡則意動於物非自然之流行,著於有矣自然流行者動而無動,著於有者動而動也」此原即緒山「虛靈之體不可先有乎善」善山「至

善之體感應無迹過而不留；物而不化則爲動」陽明「理之靜，氣之動」之說。其所爭者，乃謂當在心體上用功不當在意念上用功故曰：「意是心之所發。若是有善有惡之意則知與物一齊皆有心亦不可謂之無矣。」龍溪之意蓋謂意念之生皆由心體流行之不得其當吾人用功當徹根源正其流行之體。欲皆從意生心本至善動於意始有不善能在先天心體上立根則意所動自無不善世情嗜欲自無所容致逐末以致勞而少功也職是故其教人乃以正心爲先天之學誠意爲後天之學其言曰：「吾人一切世情嗜知工夫自然易簡省力若在後天動意上立根不免有世情嗜欲之雜致知工夫轉覺煩難」其言誠極超妙。然其所謂先天心體者實使人無從捉摸所謂致知工夫遂使人無從下手此則陽明所以有利根人難遇苟非其人懸空想象一個本體一切事爲俱不着實病痛非小之戒也。龍溪曰：「良知卽是獨知。」又曰：「獨知便是本體慎獨便是工夫」其說獨知曰：「非念動後知乃先天靈竅不因念生不隨念遷不與萬物作對」其說慎獨之工則曰：「愼非強制之謂兢業保護此靈竅還他本來清淨」而已又曰：「渾然一體無分於已發未發亦無先後內外才認定些子便有認定之病隨物流轉固是失卻主宰卽曰我於此收斂握固便有樞可執以爲致知之實未免猶落內外二見才有執著終成管帶卽此管帶便是放失之因。」其言之超妙如此，誠合學者體悟不及功力難施故梨洲謂其「一著工夫未免有礙盧無之體則不得不近於禪流行卽是主

宰懸崖撒手茫無把握以心息相依爲權法，則不得不近於老。」蓋幾於靜處體悟事上磨鍊，兩無依據矣。唐荊川（名順之，字應德，武進人）最服膺龍溪，自言於龍溪只少一拜，然其言曰：「近來談學謂認得本體一超直入不假階級，竊恐雖中人以上有所不能，竟成一番議論一番意見而已。」又曰：「近來學者病痛本不刻苦搜剔洗空欲障，以玄妙之語文夾帶之，心直如空花，竟成自誤」過高之流弊亦可見矣。

錢緒山曰：「昔者吾師之立教也，揭誠意爲大學之要旨，致知格物爲誠意之功，門弟子聞言，皆得入門用力之地，用力勤者究極此知之體，使天則流行，纖翳無作，千感萬應而真體常寂，此誠意之極也，故誠意之功自初學用之，即得入手，自聖人用之，精詣無盡，吾師既歿，吾黨病學者善惡之機生滅不已，乃於本體提揭過重，聞者遂謂誠意不足以盡道，必先有悟而意自不生；格物非所以言功，必先歸寂而物自化。遂相與虛憶以求悟，而不切乎民彞物則之常，執體以求寂，而無有乎圓神活潑之機，師云：誠意之極止至善而已矣。是止至善者未嘗離誠意而得也。言止則不必言寂而寂在其中；言至善則不必言悟而悟在其中；然皆必本於誠意焉，何也？蓋心無體，心之應感起物而好惡形焉於是乎有精察克治之功。誠意之功極則體自寂而應自順，初學以至成德，徹始徹終無二功也」案此所謂「誠意不足以盡道必先有悟而意自不生」者，即龍溪之說也。緒山謂「心之上不可以言功」必於應感起物之時致其精察克治，即爲善去惡是

格物之說二家宗旨之不同如此。至所評歸寂之說，則出於聶雙江。

陽明之致良知原兼靜處體悟事上磨鍊兩義。其後浙中之學偏於事上磨鍊，遂有義襲助長之病。其主於凝聚者則江右諸家也。江右王門，東廓、雙江、念菴兩峯皆有特見今略述其說。

東廓主戒懼其言曰：「敬也者良知之精明而不雜以私欲者也性體流行，合宜處謂之善障蔽而壅塞處，謂之不善忘戒懼則障蔽而壅塞無往非戒懼之流行即無往非性體之流行矣戒懼之與不決不排其失維鈞」東廓嘗曰：「諸君試驗心體是放縱的？不放縱的？若是放縱的，禹之治水也提而遏了一物若是不放縱的則戒懼是復還本體此即所謂『一念不發競業中存』蓋以此保其循理之靜也。」

雙江主歸寂雙江常為陝西按察副使為輔臣夏言所惡罷歸逮繫閒久靜極忽見此心真體光明瑩澈萬物皆備出獄後遂與來學者立靜坐法使之歸寂以通感執體以應用謂獨知是良知萌芽處與良知似隔一塵，此處著力雖與半路脩行不同，要亦是半路話頭致虛守寂方是不睹不聞之學歸根復命之要故夫子於感卦特地提出虛寂二字以立感應之本其言曰：「心無定體之說謂心不在內也；百體皆心也，萬感皆心也。亦嘗以是求之嚳之追風逐電瞬息萬變茫然無所措手徒以亂吾之衷也」又曰無時不寂無時不感者，心之體也感惟其時而主之以寂者學問之功也故謂寂感有二時者非也謂功夫無分於寂感而不知歸寂

以主夫感者又豈得爲是哉?不識不知順帝之則,惟養之豫者能之臨事而擇,不勝憧憧,中亦襲也,況未必中乎」(雙江謂「感物之際加格物之功是迷其體以索用」)雙江之學同門多相駁難惟念菴深相契兩峯晚乃是之梨洲謂「陽明之學本以靜坐澄心爲的,愼獨便是致中中立而和生焉,先生之學實傳習錄中之正法眼藏也」(雙江之學主於致中而應其餘諸家則大抵謂已發未發非有二候致和卽所以致中。其說曰「以流動爲感則寂感異象微波卽瀁感皆爲寂累固不待牿之反覆而後失其虛明之體若以鑑物爲感則終日鑑固無傷於止也若患體之不正故鑑之不明亦當卽鑑時言之不當離鑑以求止何則其本體常鑑不可得而離也若欲涵養本原停當而後待其發而中節此延平以來相沿之學非孔門宗旨矣。」雙江則謂「未發寂然之體未嘗離家國天下而別有其物,卽感而寂然者在焉耳格致之功通於寂感體用。」

念菴之學主於收攝保聚是時陽明門下之談學者皆曰:知善知惡卽是良知依此行之卽是致知。其弊也取足於知而不原其所以良且易致字爲依字失養其端而任其所發遂至以見存之知爲事物之則;以外交之物爲知覺之體,而不知物我之倒置矣念菴謂善惡交雜豈卽爲主於中者乎中無所主而謂知本常明,不可也知有未明,依此行之,而謂無乖戾於旣發之後,能順應於事物之來,不可也。故知善知惡之知隨出隨泯,特一時之發見焉耳一時之發見未可盡指爲本體則自然之明覺,固當反求其根原,故必有收攝保聚之

功,以為充達長養之地;而後定靜安慮,由此以出,故致知者,致其靜無動有焉者也,非經枯槁寂寞之後,一切退聽,天理炯然未易及此,其言曰:「不視不聞,即吾心之常知處,自其常知不可以形求者,謂之不視不可以言顯者謂之不聞,非杳冥之狀也,諸念皆泯,炯然中存,亦即吾之一事,此處不令他意攙雜,即是必有事焉。」

又曰:「良知該動靜合內外其統體也,吾之主靜所以致之,蓋言學也。蓋動而後有不善,有欲而後有動,動於欲而後有學,學者學其未動焉者也,學其未動而動斯善矣,動無動矣。」「故自良知言之,無分於已發未發也。自知之所以能良者言之,則固有未發者以主之於中。夫至動莫如心,聖人猶且危之。苟無所主,隨感而發,譬之駁馬銜勒去手,求斯須馳驟之中度豈可得哉?」念菴之說如此,實足救一時之流弊也。

然念菴後來又有進於此者,其告龍溪曰:「一二年來,與前又別,當時之為收攝保聚偏矣。蓋識吾心之本然者,猶未盡也,以為寂在感先,不免於指感有時,以為感由寂發,不免於指寂有處,其流之弊,必至重於為我,疏於應物。蓋久而後疑之,夫心一而已。自其不出位而言,謂之寂,非守內之謂也。自其常通微言之謂之感,非逐外之謂也,未可言時,(以其能感故也。)感非逐外,故未可言處,(以其本寂故也。)絕感之寂,非真寂矣,離寂之感,非真感矣,此乃同出而異名。吾心之本然者,酬酢萬變,而於寂者未嘗有礙,非不礙也,吾無所倚故也。苟有吾有所主故也。苟無所主,則亦馳逐而不反矣,聲臭俱泯,而於感者未嘗有息,非不息也,吾無所主故也。

所倚,則亦膠固而不通矣。此所謂收攝保聚之功,君子知幾之學也。學者自信,於此灼然不移,即請之守寂可也,謂之妙感亦可也;謂之主靜可也,謂之愼動亦可也。使於眞寂端倪,果能察識隨動隨靜,無有出入,不與世界事物相對待,不倚自己,知見作主宰,不著道理名目生證解;不藉言語發揮添精神,則收攝保聚之功,自有準則矣。」案此論誠有契於心體之妙,宜龍溪之聞其說而無閒然也。

兩峯之學以涵養本原為主,梨洲曰:「雙江主於歸寂,同門辨說盈卷軸。先生言發與未發本無二致。戒懼愼獨本無二事。若云未發不足以兼已發,致中之外別有一段致和之功,是不知順其自然之體,而加損焉,以學而能以慮而知者也。又言事上用功,雖愈於事上講求道理,均之無益於得也。涵養本原愈精愈一,愈一愈精,始是心事合一。又言吾心之體本止本寂,參之以意,飾之以道理,侑之以聞見,遂以感通為心之體。而不知吾心雖千酬萬應,紛紜變化之無已,而其體本常寂。彼以靜病之者,似涉靜景,非為物不貳生物不測之體之靜也。凡此所言與雙江相視莫逆,故人謂雙江得先生而不孤云。」

塘南思默皆王門再傳弟子。然其所言實有視前輩為進者。陽明歿後致良知一語,學者不深究其旨,多以情識承當。雙江、念菴舉未發以救其弊,終不免頭上安頭。塘南謂:「生生之機無有停息,不從念慮起滅。今人將發字看粗,以澄然無念為未發,澄然無念,是謂一念,乃念之至微者,非無念也。生生之機無一息之停,正

所謂發瞥之澄潭之水乃流之至平至細者,非不流也,未發水之性。離水而求性曰支,卽水以爲性曰混,以水與性爲二物曰岐,惟時時冥念研精入神乃爲道之所存」又曰:「意非念慮起滅之謂,乃生幾之動而未形者。知者意之體,物者意之用,但舉一意字則寂感體用悉具,有性則常發而爲意,有意則漸著而爲念,不可以動靜言。動靜者念也。意本生生造化之幾不充則不能生,故學貴從收斂入,收斂卽愼獨,此凝道之樞要也。欲悟未有天地之先言語道斷心行處滅,乃爲不學不慮之體,此正邪說淫辭。以念頭轉動爲生幾,則落第二義矣」其分別生生之機與意念實絕精之論也。(塘南曰:「性之一字本不容言,無可致力,知覺意念總是性之呈露,皆命也。性者先天之理,知屬發竅,是先天之子後天之母也,此知在體用之間。若知前求體則著空,知後求用則逐物。知前更無未發,知後更無已發;合下一齊了,更無二也,是故性不假修,只可云悟而性之呈露,則性之呈露處,命也。性無可致力,善學者惟研幾。此則有可修矣,修命者,盡性之功也」又曰:「性廓然無際,生幾者性之呈露也。性無可致力,不無習氣隱伏其中,故研幾者非於念頭萌動,辨別邪正之謂也。此幾生而無生,至微至密,非有非無,惟縣縣若存,退藏於密,庶其近之矣。」)

思默亦主研幾。其說曰:「所知因感而有,用之發也。能知不因感有,常知而常無知,體之徵也。此體是古

今天地人物之靈根於穆中一點必不能自己之命脈。聖門學者，惟顏子在能知上用功，其餘多在所知上用力。」又曰：「誠無為幾則有善惡何者凡動便涉於為為便易逐於有逐於有則雖善亦粗多流於惡。故學問全要研幾研者研磨之謂研磨其逐有而粗者務到極深極微處常還他動而未形有無之間的本色則無動非神矣」其說亦極入微也。

傳姚江之學者當以泰州為最雄偉而其流弊亦最甚。泰州之學始自心齋其行本怪其學又純是蒲輪轍環意見。（王艮字汝止號心齋泰州安豐場人七歲受書鄉塾貧不能竟學從父商於山東常袖孝經論語、大學逢人質難久而信口談解如或啟之雖不得專功於學然默默參究以經證悟以悟釋經歷有年所人莫能窺其際也一夕夢天墮壓身萬人奔號求救先生舉臂起之視其日月星辰失次復手整之覺而汗溢如雨，心體洞徹自此行住語默省在覺中乃按禮經裂五常冠深衣大帶笏板服之曰：「言堯之言行堯之行而不服堯之服可乎？時陽明巡撫江西講良知之學大江之南學者翕然信從顧先生僻處未之聞也有黃文剛者，吉安人也而寓泰州聞先生論詫曰此絕類王巡撫之談學也先生喜曰：有是哉？王公論良知艮談格物。如其同也是天以王公與天下後世也如其異也是天以艮與王公也即日啟行以古服進見至中門舉笏而立。陽明出迎於門外始入先生據上坐辯難久之稍心折移其坐於側論畢乃歎曰：「簡易直截艮不及也」下拜，

稱弟子退繹所聞間有不合悔曰：「吾輕矣。」明日入見告之。陽明曰：「善哉子之不輕信從也。」先生復上坐辯難久之始大服途爲弟子如初陽明謂門人曰：「向者吾擒宸濠一無所動今卻爲斯人動矣陽明歸越先生從之來學者多從先生指授已而歎曰：「千載絕學天啓吾師可使天下有不及聞者乎？」因問陽明以孔子轍環車制陽明笑而不答歸自創蒲輪招搖道路將至都有老叟夢黃龍無首行雨至崇文門變爲人立之歸。陽明亦移書責之。先生始還會稽陽明以先生意氣太高行事太怪痛裁抑之及門三日不得見。陽明送客出門，先生長跪道旁曰「艮知過矣」陽明不顧而入先生隨之至庭下厲聲曰：「仲尼不爲已甚」。陽明乃揖之起。陽明卒於師先生迎哭至桐盧經紀其家而後返開門授徒遠近畢至同門會講者必請先生主席。陽明而下辯才推龍溪然有信有不信惟先生於眉睫之間省覺人最多先生以九二見龍爲正位孔子修身講學，以見於世未嘗一日隱也有以伊傅之學稱先生者先生曰：「伊傅之事我不能伊傅之學我不由伊傅得君，可謂奇遇如其不遇終身獨善而已孔子則不然也」黃梨洲曰：「此終是蒲輪轍環意見於遯世不見知而不悔之學終隔一塵也」）故其後多豪傑之士而其決裂亦最甚爲心齋格物之說以身與天下國家爲物，身爲本天下國家爲末行有不得皆反求諸己是爲格物工夫故齊治平在於安身知安身者必愛身敬身愛

身敬身者，必不敢不愛人，不敬人者人愛之，而身安矣。一家愛我、敬我則家齊。一國愛我敬我則國治天下愛我敬我，則天下平亦仍是蒲輪轍環意見也。心齋弟子著者爲王一菴（名棟字隆吉泰州人）徐波石（名樾字子直貴溪人）一菴謂誠意卽愼獨其說頗精（其說曰：「身之主宰謂之心，心之主宰謂之意心者虛靈善應而其中自有寂然不動者爲之主宰，是之爲意人心所以應萬變而不失者只緣有此靈體不慮而知爲之主宰耳聖狂之分卽在此主宰之誠不誠故誠意工夫卽是愼獨愼獨者意之別名。愼者誠之用力者耳以此靈體不慮而知自作主張自裁生化故謂之能情感利害之便則不可謂之獨矣若謂意爲心之發動而欲審機於動念之初則情念一動便屬流行於此用功恐倉卒之際物化神馳雖有敏者莫措其手非聖門誠意之功先天易簡之學矣。」）波石之學則以不犯手爲妙。謂人心自然明覺起居食息無非天者又從而知覺之，是二知覺也所謂「見成良知」也。波石之學傳諸山農（名鈞吉安人）及趙大洲（名貞吉字孟靜內江人。）山農好俠學主率性而行。大洲亦謂禪不害人。山農之學傳諸何心隱（本姓梁名汝元字夫山後自改姓名吉州永豐人）及羅近溪（名汝芳字維德江西南城人）心隱亦豪傑之士嘗授計亂之學以去嚴嵩近溪之學以赤子良心不學不慮爲的以天地萬物同體，徹形骸忘物我爲大謂「此理生生不息不須把持不須接續當下渾淪順適工夫難得湊泊卽以不屑湊

泊為工夫胸次茫無畔岸，便以不依畔岸為胸次解纜放船，順風張掉，無之非是，學人不省乃妄以澄然湛然為心之本體，沈滯胸鬲，留戀景光，是為鬼窟活計」實禪語之精者也。近溪之傳為焦澹園（名竑，字弱侯，南京旗手衛人）及周海門（見前）澹園嘗駁明道關佛之說。海門教人亦以直下承當常為貴嘗問門人劉塙曰：「信得當下否」曰：「信得」「然則汝是聖人否」曰：「也是聖人」曰：「又多一也字」洪舒民問：「認得心時聖人與我一般今人終身講學到底只做得鄉人何也」曰：「只是信不及耳汝且道今日滿堂問答詠歌一種平心實意與杏壇時有二乎？」曰：「無二也」曰：「如此何有鄉人之疑」曰：「為他時便不能如此」曰：「違則便覺依舊不違」曰：「常常提起方可」曰：「違則提起不違提個甚麼？」皆禪機也海門之學傳諸陶石簀（名望齡字周望會稽人）亦汎濫方外與澄然澄密雲悟諸僧交大洲之學傳諸鄧太湖（名豁渠初名鶴內江人）太湖嘗為僧其學只主見性不主戒律身之與性截然分為兩事又有方湛一者（名與時黃陂人）曾入太和山習攝心術又得黃白術於方外尚玄虛修談說龍溪念菴皆目為奇士耿楚倥（名定理字子庸黃安人）初出其門後知其偽去之事鄧豁渠何心隱皆有得不煩言說當機指點機鋒迅利其兄天臺（名定向字在倫）則排斥狂禪力主實地然其弟子管東溟（名志道字登之婁江人）著書數十萬言仍多鳩合儒釋蓋其末流之勢業已不可遏止也

篇十四　有明諸儒

明代理學，當以陽明爲中心。前乎陽明者，如白沙，則陽明之先河。與陽明並時者，如甘泉，則與陽明相出入。後乎陽明者，如蕺山，如見羅，則與陽明小異其趣者也。故陽明之學是非然否且弗論，其爲明代理學之中心，則譙於朝闠獻之形日積於學士大夫之心術，而天下不可爲。」流弊如此，宜其爲一世所疾惡也。然如張氏所述之情形何代無之？則亦不必盡歸咎於王學耳。

王學流傳，梨洲明儒學案分爲七派（浙中，江右，南中，楚中，北方，粵閩，泰州。）其蘄然見頭角者，實惟浙中、江右、泰州。江右最純謹。浙中之龍溪，泰州之心齋，天分皆極高。然其後流弊皆甚。論者謂陽明之學得龍溪、心齋而風行天下，亦以龍溪、心齋故決裂不可收拾焉。蓋浙中之弊，純在應迹上安排湊泊，則失之淺俗玩弄本體，以爲別有一物可以把持，則墮入魔障而純任流行，尤易致解纜放船絕無收束，更益以泰州之猖狂機變，遂無所不至矣。清張武承（名烈，大興人。）撰王學質疑攻王學流弊曰：「高者脫略職業歇睡名庵卑者日沈迷於酒色名利案有楞嚴、南華謹綱常重廉隅者爲宋頭巾舉天下庠序之士如沸如狂；入則詬於家出節矯詐嗜殺儌倖苟利者爲眞經濟。挾妓呼盧裸而夜飲者爲高致抗官犯上羣噪而不遜者爲氣

心，則好之者惡之者皆不能有異辭也。

白沙之學主靜中養出端倪。其初求之簡冊累年無所得，一朝以靜坐得之。然後見此心之體，廣大高明，不離日用一眞萬事本自圓成，不假人力，無內外大小精粗，一以貫之。其言曰：「人爭一個覺才覺便我大而物小，物有盡而我無盡。」又曰：「終日乾乾只是收拾此理而已。此理干涉至大，無內外無終始，無一處不到，無一息不運會此則天地我立萬化我出而宇宙在我矣。得此把柄入手更有何事往古來今四方上下一齊穿紐一齊收拾隨時隨處無不是這個充塞色色任他本來何用腳勞手攘？」

白沙之學吃緊工夫全在涵養以虛爲本以靜爲門戶以勿忘勿助之間爲體認之則。或訾其近禪或謂有明之學至白沙而後精至陽明而後大云或問龍溪：「白沙與陽明同異？」龍溪曰：「白沙緣世人精神撥向外馳求欲返其性情而無從入只得假靜中一段行持窺見本來面目以爲安身立命根基所謂權法也。若致知宗旨不論語默動靜從人情事變徹底鍊習以歸於元瞥之眞金爲銅鉛所雜不遇烈火烹熬則不可得而精。師門有三種教法從知解而得者謂之解悟未離言詮從靜中而得者謂之證悟猶有待於境從人事鍊習而得者忘言忘境觸處逢源愈搖動愈凝寂始爲徹悟」龍溪教人向偏於事上磨鍊此說亦不離此指。

然白沙與姚江之大小則於此可見矣。

與陽明同時並稱者厥惟甘泉。（湛若水字元照號甘泉廣東增城人。）甘泉為白沙弟子。陽明嘗溺於二氏與甘泉交乃一意聖學。陽明主致良知而甘泉標「隨處體認天理」為宗旨兩家各立門戶。湛氏門人不如王氏之盛然當時學於湛者或卒業於王學於王者或卒業於湛其後名湛氏之學者亦多湛氏亦有明一大師也。

甘泉之說有與陽明極相似者其說天理曰：「天理二字人人固有非由外鑠不為堯存不為桀亡。故人皆可以為堯舜初學與聖人同此心同此一個天理雖欲強無之不得見孺子入井見餓莩過宗廟到墟墓見君子不知不覺萌動出來遏他又遏不得有時志不立習心蔽障忽不見了蓋心不存故也心若存時自然見前。」此猶陽明之言良知也又曰：「心存得中正時便見天理。」又曰：「心中無事天理自見。」亦以天理為在心又曰：「後世儒者認行字別了皆以施為班布者為行殊不知行在一念之間耳自一念之存以至於事為之施布皆行也且事為施布豈非一念為之乎？所謂存心即行也」此亦陽明知行合一之說也所異者陽明以為心即理甘泉則雖謂理在吾心終不免體認於外以足之耳

甘泉之說曰：「格至也物天理也即道格即造詣之義格物即造道也知行並進學問思辨行所以造道也故讀書親師友酬應隨時隨處皆求體認天理而涵養之無非造道之功」此純似程子「窮理亦多端」

之說然。甘泉又不甘居於務外乃曰:「以隨處體認爲求之於外者非也心與事應然後天理見焉天理非在外也特因事之來隨感而應耳」又曰:「堯舜允執厥中非獨以事言乃心事合一。允執之者腔合於心與心爲一非執之於外也若能於事物上察見天理平時涵養由中正出卻由仁義行之學平時無存養工夫到面前才尋討道理卽是行仁義卽是義外卽是義襲而取之者也」旣曰天理爲人人所固有初學與聖人無異又必待事物上察見未免自相矛盾若曰心與事應而後天理見則心豈有不感時邪?甘泉蓋恐人墮入見成良知一路故欲加之以學問思辨行之功(或問「先生嘗言是非之心人皆有之,此便是良知亦便是天理依著自己是非之心存養擴充將去便是致良知亦便是隨處體認天理也然而外人多言先生不欲學者言良知豈慮其體察未到將誤認於理欲之間遂以爲眞知也邪」曰:「如此看得好良知二字自孟子發之,豈不欲學者言之但學者往往徒以爲言皆說心知是非皆是良知;知得非便去到底,知得是便行到底如是是致恐師心自用還須學問思辨行,乃爲善致」)而不知言精察於吾心之理以爲規矩準繩而施之於事爲與體認於事物之上以求吾心天理之著見然後持之以爲應事之具其簡直迂曲大有別矣若謂離事物無從精吾心之理則又有說。甘泉之言曰:「陽明與吾看心不同吾所謂心體萬物而不遺者也故無內外陽明所謂心指腔子裏而爲言者也故以吾之說爲外」(陽明謂「隨處體認天理是求之於外」)梨洲評

之曰：「天地萬物之理，不外於腔子裏，故見心之廣大，若以天地萬物之理，求之天地萬物，以為廣大，則先生仍為成說所拘也。天理無處而心其處，心無處而寂然未發者其處，體認者亦惟體認之於寂而已。今日隨處體認，毋乃體認於感，其言終有病也」

或問聶雙江「隨處體認天理何如」？曰：「此甘泉揭以教人之學，甘泉得之羅豫章。豫章曰：為學不在多言，但默坐澄心體認天理。若見天理，則人欲自退聽，由此持守，庶幾有功」案雙江之說殊能得其來歷，甘泉之說實與豫章之說息息相通，但豫章之說少偏於靜，甘泉不以為然，乃改「默坐澄心」為「隨處體認」，欲合「靜而存養動而省察」為一耳。然欲合此二語為一，隨處體認天理遠不如致良知之簡捷而深入也。（陽明與毛古庵書「致良知之說與體認天理者也。體認天理之說，本亦無大相遠。但微有直截迂曲之差耳譬之種植：致良知者培其根本之生意，而達之枝葉者也。體認天理之說，雖曰理在吾心，實仍即物求理之變相。其失易墮於支離。故其後學咸欲以直截救之。湛門如呂巾石（名懷，字汝德，廣信永豐人。）則以為天理良知本同宗旨。如洪覺山（名垣，字峻之，徽州婺源人。）則謂體認天理是不離根之體認，工夫全在幾上用。如唐一庵（名樞，字惟中，歸安人。）則標討真心三字為的，謂隨處體認或失於反身尋討，致良知或失於誤認靈明。如許敬庵（名孚遠，字孟仲，德清人。學

於唐一庵)則謂學以克己為要謂人有血氣心知便有種種交害雖未至目前而病根常在必在根上看到方寸地不掛一塵方是格物皆鞭辟入裏浸浸近於許敬庵後傾向王學而又能救正王學之失者厥惟劉蕺山。

蕺山標慎獨為宗旨其說曰:「知善知惡之知即好善惡惡之意亦即無善無惡之體意者心之所存,(心之主宰)非所發也心之體非心之用也;(流行為用)與起念之好惡不同(念有起滅意則常存常發)人心無思無不思無思慮未起時必物感相乘思為物化乃憧憧往來耳陽明以誠意為主意致良知為工夫謂誠意無工夫皆在致知殊不知好善惡惡即知善知惡非知善後好知惡後惡也好必善惡必惡故心善意者心之所存好善惡惡之心即好善惡惡之意故意有善而無惡(惡惡即惡不善惡不善即好善)此所謂獨知也良知不慮而知者不思而得故誠即知之可言然則知即意也好必善惡必惡故心善意者心之所存好善惡惡之心即好善惡惡之意故意有善而無惡之者也離卻意根一步即無致知可言故誠意慎獨非二事宋儒不從慎獨認取故不得不提致知三字遂致以流行心體承當陽明云有善有惡者意之動是以念為意善惡雜糅何處得覓歸宿專提致良知三字遂致以流行心體承當。

今知誠意即慎獨離意根一步即妄而不誠則愈收斂是愈推致而動而省察可廢何也?存養不專屬靜省察正存養之得力處也」案蕺山之說蓋宗江右而尤於塘南為近。

初為陽明之學,而後變焉者又有李見羅。(名材,字孟城,豐城人。學於鄒東廓。)見羅提止修二字,以止為主意修為工夫。謂「人生而靜以上是至善發為惻隱羞惡辭讓是非四端有不善。知是流動之物,都已向發邊去以此為致遠於人生而靜以上之體」。故主「攝知歸止」。「刻刻能止則視聽言動各當其則不言修而修在其中稍有出入不過點檢提撕修之工夫使常歸於止而已」。見羅闢陽明之說曰:「釋氏以知覺運動為性吾儒本天故性上只道得一個善字就於發用之際見其善之條理惻隱名仁羞惡名義,辭讓名禮是非名智未嘗云有善無不善也。後儒曰:無善無惡者心之體以其就知上看體,知固有良有不良故也。玉本無瑕只合道個白不可云有白無黑水本無汙只合道個清不可云有清無濁無善無惡旣均作善作惡亦等何也?總之非吾性所有也見性一差弊至於此則知覺運動不可言性儒者之學斷須本天程朱之論固自有其獨到之處也。」案見羅此辭殊失陽明本意參觀前兩篇自明。見羅又謂「致知二字並列於八目之中。知本知止特揭於八目之外略知本而揭致知五尺之童知其不可。自古之欲明明德至壹是皆以修身為本詳數事物而歸本於修身本在此止在此。知本者,知修身為本之知。知止者,知修身為本而止之。知修身為本而止之,卽止於至善也」。合「此謂知本」之本與「壹是皆以修身為本之本」為一亦未必其遂安耳。

東林之學與陽明有異同者,為顧涇陽(名憲成字叔時無錫人。)涇陽提出性字謂「性是心之根柢舍性言心必墮情識」「善即心之本色說恁著不著明目之本色說得個不著何云無善乃不著於善耶」景逸主格物謂「不窮其理物是外物窮其理物即吾心」「學者無窮工夫心之一字是大總括心有無窮工夫敬之一字是大總括敬之謂敬。人心如何能無適須先窮理識其本體」「聖人只從矩不從心所欲徒知昭昭靈靈者為心而外天下之物是為無矩之心以應天下之物師心自用而已」「陽明曰:致知在格物者致吾心之良知於事事物物致吾心之良知於事事物物則事事物物各得其理。是格物在致知。」「陽明又曰:致知在格物格物者格去心之不正以歸於正者,時時格物格透一分,則本地透一分,知地透一分,談良知者,開口便是良知,開眼便是格物。」「吾人日用何嘗離格物。盧靈之用多為情識而非天則之自然去知遠矣。」案高顧所闢皆王學末流之弊若陽明本說,則實不如是也。(景逸又曰:「陽明有是格物在正心誠意。」

善有惡意之動善謂善念無善則無念吾以善為性彼以善為念也」此說亦非參看上篇錢緒山之說自明。)

篇十五 總論

以上各篇舉理學中之重要家數，一一加以論列。理學之爲理學，亦略可見矣。今再統其學而略論之，理學之特色在其精微徹底一事之是非必窮至無可復窮之處，而始可謂定。否則畫一境以自足，而曰吾之所論者姑止於是而已。則安知所研究者出此以外而其是非不翻然大變乎？理學家則不然。或問伊川：「人有言盡人道謂之仁，盡天道謂之聖，此語何如？」曰「安有知人道而不知天道者？道一也豈人道自是一道，天道自是一道？」揚子曰通天地人曰儒，通天地而不通人曰技。此亦不知道之言豈有通天地而不通於人者哉？天地人只一道也，才通其一則餘皆通。如後人解易言乾天道也，坤地道也，便是亂道語其體則天尊地卑論其道豈有異哉？」横渠答范巽之云：「所訪物怪神姦此非難語顧語未必信耳。孟子所論知性知天學至於知天則物所從出當源源自見知所從出則物之當有當無莫不心喻；亦不待語而後知諸公所論但守之不失不爲異端所刼則進進不已物怪不須辨異端不必攻不逾期年吾道勝矣。若欲委之無窮付之不可知，則學爲疑撓智爲物昏交來無間卒無以自存而溺於怪妄必矣。」宋儒所謂理者果能貫天地人幽明常變而無間否自難斷言然其所求則固如此其說自成一系統；其精粹處確有不可磨滅者則固不容誣也。

以其所求之徹底，故其所為，必衷諸究極之是非；而尋常人就事論事之言，悉在所不取。或問伊川：「前世隱者或守一節，或惇一行，不知有知道者否？」曰：「若知道則不肯守一節一行也。此等人鮮明理。多取古人一節事專行之古人有殺一不義雖得天下不為，則我亦殺一不義雖得天下不為也。古人有高尚隱逸不肯就仕則我亦高尚隱逸不仕。如此，則放效前人所為耳，於道鮮有得也。是以東漢尚名節有雖殺身不悔者，只是不知道也。」陽明亦曰：「聖賢非無功業氣節但其循著天理，則便是道，不可以事功氣節名矣。」蓋天下有真知其故而為之者亦有並不真知但慕悅他人之所為而從而效之者。不真知而為之之，必有豪釐千里之差，浸至冬葛夏裘之謬。此宋儒之所以重明理也理學家之所謂理果至當不易與否，自難斷言然其心，則固求明乎究極之理，而後據之以行事也。

以此推之政治則不肯作一苟且之事。宋儒有一習道之語曰：「治非私智之所出。」所惡於私智者，以其欲強自然之事實以從我之欲，不合乎天然之理不足致治，而轉益糾紛也。伊川曰：「孔明有王佐之才道則未盡王者如天地之無私心焉為行一不義而得天下不為。孔明必求有成，而取劉璋聖人寧無成耳。」一事之成功，就一時一事言之固有利，統全局言之實有害故有所不為也。呂與叔明道哀辭謂其「寧學聖人而未至不欲以一善成名寧以一物不被澤為己病不欲以一時之利為己功。」真理學家都有此意。

其行諸己者，尤爲卓絕橫渠曰：「學必如聖人而後已。知人而不知天求爲賢而不求爲聖此秦漢以來學者之大蔽」伊川曰「且莫說將第一等讓與別人且做第二等纔如此說便是自棄雖與不能居仁由義者差等不同其自小則一也言學便以道爲志言人便以聖人爲志自謂不能者自賊者也謂其君不能者賊其君者也」所以必希聖必以第一等人自期者以天下惟有一眞是舍此皆不免豪釐千里之差也

如此徹底之道並不恃天賦之資其功皆在於學伊川曰「別事都強得惟識量不可強今人有斗筲之量有釜斛之量有鍾鼎之量有江河之量江河之量亦大矣然有涯有涯亦有時而滿惟天地之量則無滿聖人天地之量也聖人之量道也常人之有量者天資也天資之量須有限大抵六尺之軀力量只如此雖欲不滿不可得也」讀「六尺之軀力量只如此」九字眞足使困知勉行者氣爲之一壯矣

理學家之學於理求其至明於行求其無歉然二者又非二事明理者所以定立身之趨向;立身者所以完明理之功用也抑此非徒淑身施之當世亦無愧懅以天下惟有一理治身之理卽治世之理理學家最服膺之語曰「體用一源顯微無間」（語出伊川易傳序）其斥理學以外之學則曰：「言天理而不用諸人事是爲虛無是爲異學言人事而不本諸天理是爲粗淺是爲俗學」二者之爲失雖異而其失惟鈞皆以不明乎獨一無二之理故其所行遂至差謬也

理學家視修己治人,非有二道。故曰:「志伊尹之所志學顏子之所學。」雖然物莫能兩大有所重於此,勢必有所輕於彼理學家論治每謂己不立則無以正物其說固然(橫渠曰:「德未成而先以功業爲事是代大匠斲希不傷手也。」明道曰:「不立己後雖向好事猶爲化物己立後自能了當得天下萬物。」朱子曰:「古人只是日夜皇皇汲汲去理會這個身心到得做事業時只隨自家分量以應之」又曰:「多只要求濟事而不知自身不立事決不能成人自心若一豪私意未盡皆足敗事」或問:「學者講明義理之外亦須理會時政庶他日臨事不至牆面」曰:「學者若得義理明從此去量度事物自然泛應曲當今世文人才士開口便說國家利害把筆便述時政得失濟得甚事?只是講明義理以淑人心。使世間識義理之人多何患政治不舉?」)然因此全副精神皆貫注於內而於外事遂有所不暇及亦其勢也後來顏習齋所攻擊專在於此。

凡事皆欲從源頭上做起皆欲做到極徹底而所言遂不免於迂闊此亦理學之一弊也爲治如行修途眼光須看得極遠腳步須走得極穩千里之行始於跬步意不可不存於千里足不可不謹於跬步也徒顧目前之險夷而遂忘其所欲至此爲理學家所譏之俗學目前雖幸免蹉跌而所欲至之地卒無可至之時則其行爲無謂矣反於此者又或眼光看得極遠而於目前之情形有所不悉遂不免於蹉跌此則理學之弊理學家言治本則致謹於王霸之辨言治法則欲復封建井田姑勿論所言之是非然見在之世界去封建井田亦

遠矣。必如何而後封建井田可復理學家不能言之也。（非不言之，然其言多迂闊，實與未嘗言等。）則其欲復封建井田亦徒存其願而已。況夫封建井田之未必可復邪？

泥古之足以致弊宋儒亦非不知之。然其所以自解者則曰：「必有關雎麟趾之意而後可以行周官之法度。」（明道之言）然則周官法度之不能行，皆由關雎麟趾之意不足關雎麟趾之意苟足周官之法度遂無不可行矣。（宋儒論治偏重德化，略於事為弊亦由此。）然宋儒於古人之法度實考之未精故其所主張自謂參酌古今實不免墨守古法（由其誤謂古代成法皆合於至當不易之天理也使其真能詳考自無此弊。）論治則欲復井田封建善俗則欲行古冠昏喪祭之禮皆坐此弊。（宋儒於禮實行者甚多。關學無論矣朱子所修儀禮經傳通解自一家以至一國之禮悉具焉。陸象山之父名賀字道鄉亦酌先儒冠昏喪之禮行之於家。此等事不勝枚舉。○宋儒於禮，考古之作亦甚多。儀禮經傳通解外如陳祥道之禮書敖繼公之儀禮集說等皆是。○宋儒所謂禮實不可行於世讀呂氏之藍田鄉約便可見之。）古代社會階級較後世為嚴宋儒率古禮而行之實於後世情形有所不合人心遂覺其不安人人皆覺其所行為不近情後來戴東原所攻擊專在於此。（陽明言心學故其所言較宋儒稍為活動。陽明之言曰：「天下古今之人其情一而已矣。先王制禮皆因人情而為之節文，是以行之萬世而皆準其或反之吾心而有所未安者非傳記之譌缺則

必風氣習俗之異宜此雖先王未之有亦可以義起。行焉是乃非禮之禮行不著而習不察者矣」其與鄒守益書曰：「今之爲人上而欲道民以禮者非詳且備之爲難惟簡切明白使人易行之爲貴耳」其言皆較宋儒爲弘通然必謂先王之法可行之萬世而準則仍未免蓬之心率此行之必致仍以先王之法爲本以吾之意見略加參酌自謂可行之當世而仍未必有當於世人之情耳。）

宋儒之尊君權與其嚴階級同蔽固由晚唐五代裂冠毀冕有以激之；亦其拘守古人成法太過謂欲求治，必如古人所爲；古代君權本尊宋人持論遂不覺其太過也宋學開山孫明復作春秋尊王發微卽大昌尊君之義且謂春秋有貶無襃其持論之酷如此溫公疑孟子詆其貴戚易位之言李覯作常語辨以孟子爲五霸之罪人謂「五霸率諸侯事天子孟子勸諸侯爲天子苟有人性必知其逆順矣」然則孔子稱「湯武革命應天順人」孔子亦五霸之罪人乎此弊理學家入之頗深至清代曾國藩等猶有此見社會之所以能立其原因自極深遠此輩則謂非有封建之世階級森嚴下之視上懍乎其不可犯之風氣不足維持謂此等名分一壞卽不免於大亂實由其於社會現象硏之未深而徒以古爲邦治之世致有此繆見也。

宋儒自謂於二氏之學頗深故能入其室而操其戈後之議理學家者則又謂周程張朱等其初皆與二

氏有交涉，故其說實不免於儒其貌而釋老其心（葉水心之論即如此，水心習學記言云：「程氏答張氏論定性，動亦定，靜亦定；無將迎，無內外當在外時何者在內？天地普萬物而無心聖人順萬事而無情擴然而大公物來而順應有為應迹明覺為自然內外兩忘無事則定定則明；喜怒不繫於心而繫於物，皆老佛語也。程張攻擊老佛然盡用其學而不自知。」又謂周張二程無極太極動靜形氣聚散等為以佛說與佛辯○晁以道謂濂溪師事鶴林寺僧壽涯得「有物先天地，無形本寂寥能為萬象主不逐四時彫」之偈。性學指要謂濂溪初與東林總游久之無所入總教之靜坐月餘忽有得以詩呈曰「書堂兀坐萬機休日煖風和草自幽誰道二千年遠事而今只在眼睛頭」總肯即與結青松社游則濂溪早年確與二氏有交涉無怪其太極圖之見疑於佛學則更不俟深論矣然宋明儒者於二氏之學入之實不深故其所詰難多不中理焦澹園謂之取資於彼也于張子朱子等之出入二氏則更事實確鑿無待考證矣。）至於邵子之被斥以道家陸王「伯淳未究佛乘故其掊擊之言率揣摩而不得其當大似聽訟者兩造未具而臆決其是非臧證未形而縣擬其罪案。」斯言得之。「改頭換面」實非理學家所能也（宗杲教張子韶謂「既得把柄開道之際當改頭換面隨宜說法」即使為陽儒陰釋之論也子韶名九成錢塘人自號橫浦居士又稱無垢居士龜山弟子朱子闢之以為洪水猛獸）

老釋相較釋氏之說遠較老氏爲高理學家雖以二氏並稱實則其所闢者十九在釋氏也儒家闢佛之說，爲宋儒所稱者爲韓退之之原道。其說實極粗淺宋初闢佛者有石介之《中國論》歐陽修之《本論》亦原道之類耳稍進而其說乃精。

宋儒闢佛第一要語爲程子之「吾儒本天異端本心」其所謂天者卽天地萬物之定理。謂宇宙間一切皆有定則爲人所當遵守而不踰。釋氏惟任其心之所見則一切無定。故以知識言則不能明理以制行論遂至猖狂妄行也。張子謂釋氏「不能窮理故不能盡性」意亦同此。其實天下無不明事理可成學問者釋氏之注重一心乃將人類一切罪惡加以窮究謂其根原皆出於心耳能所二者不能相離承認有我卽不當承認有物承認有物亦不當承認有我矣。理學家謂「吾儒知有理故其言心也從至變之中而得其不變者釋氏但見流行之體」未免以禪宗之流失概佛敎之本來也。

又謂「釋氏有敬以直内無義以方外」（亦明道之言）案佛氏有三千威儀八萬細行更進而言之，則有六波羅蜜。凡可以饒益有情者善巧方便無所不爲戒律之嚴尤爲他敎所莫比安得謂無制行之義邪？

延平云：「吾儒異於異端者理一而分殊也理不患不一所難者分殊耳」朱子曰：「理一體也分殊用也。」蓋謂釋氏有仁而無義也然寃親平等乃以究極之義言之至於應事則釋氏亦有種種方便曲盡其妙。

試讀華嚴之五十三參可知。正不得謂有仁而無義也況理不患不一所難者分殊,語亦有病此則陽明之心學足以正之矣。

有以善為吾心所本有疑釋氏一切空之,遂并善而欲空之者。明道謂其「直欲和這些秉彝部消鑠得盡」是也然善者心之本體正空無一物之謂(如鑑之明)若先有世間之所謂善者雜乎其中(如鑑中美景)則眼中金屑矣心學家謂心體本空惻隱羞惡辭讓是非皆自此空體流出頗得佛意空者空其欲障四端卽心之本體非本體為一物,而四端別為一物,藏於其中也然則秉彝安可消鑠盡邪秉彝而消鑠盡則并明道所謂佛所欲見之心性而無之矣(明道曰:「彼所謂識心見性也若存心養性一段事則無矣」)何也秉彝卽心性也。

有謂二氏專從生死起念不離乎貪生畏死之情者案後世所謂道教實古之神仙家。神仙家專求長生,冀享世間之快樂宋儒闢之是也然此實不直一關至於眞道家及佛氏則了無貪生畏死之念世未有淺至貪生畏死猶能成為學成為教者此亦不足辯也宋儒之說乃覩世俗信奉二氏者皆不離乎貪生畏死之念,遂以此咎二氏耳亦可見其於二氏之學入之實不深矣。

或謂佛氏專從事於一心久之見其昭昭靈靈如有一物,遂以此為心之本體得此則天地萬物雖壞,而

此不壞幻身雖亡而此不亡又或靜久精神光采其中了無一物,遂以爲眞空此皆禪宗之末失,宋時佛教諸宗皆衰惟禪宗獨盛故宋儒闢佛多指禪宗言之後之理學家不加深察遂謂佛教僅如此耳其實禪宗不足概佛教之全禪宗之流失卽彼亦以爲魔道也。

張子曰:「若謂虛能生氣則虛無窮氣有限,體用殊絕入老氏有生於無自然之論」老氏說果如此,張子關之誠爲得當然老子所謂「天地萬物生於有,有生於無」者,卽莊子「有不能以無爲有」之說謂天下萬物彼不能爲此之原因此亦不能爲彼之原因故不得不歸之於無無猶言不可知正認識論之精義也。

又有謂我之所謂無爲乃無私意造作彼則眞入於無爲者此則道德五千言俱在其餘道家之言亦俱在稍一披覽卽可知其所謂無爲者果係一事不爲抑係無私意造作亦不俟辯也。

理學家之闢二氏多屬誤會之談然其說仍有極精者不能以其於二氏之說有所誤會,遂槪斥爲不足道也今試引數事如下:

或謂明道:「釋氏地獄之類皆是爲下根人設怖會爲善」曰:「至誠貫天地人尙有不化,豈有立僞教而人可化乎」或問陽明:「佛以出離生死誘人入道仙以長生久視誘人入道究其極致亦見得聖人上一截然非入道正路」陽明曰:「若論聖人大中至正之道徹上徹下只是一貫更有甚上一截下一截?」明道

論神教不能普行之理甚精蓋凡神敎雖亦見得究極之理終不免有許多誘人之說究極之理眞,誘人之說則僞,一時雖借此誘人久之其遭人揑擊者卽在於此此亦可見說非眞理終不能立也陽明之說尤覺簡易直截獨標眞諦。

陽明曰:「仙釋說到虛聖人豈能虛上加得一豪實?佛氏說道無聖人豈能無上加得一豪有?但仙家說虛,從養生上來佛氏說無從出離生死苦海上來;卻於本體加這一些子意思便不是虛無的本色便於本體有障礙聖人只是還他良知的本色更不著些子意思良知之虛便是天之太虛良知之無便是太虛無形日月風雷山川民物凡有貌象形色皆在太虛無形中發用流行未嘗作得天的障礙聖人只是順其良知之發用天地萬物俱在我良知發用流行中又何嘗有一物超於良知之外能作障礙」案神仙家不足論陽明謂佛氏亦有所著亦非眞知佛說之談然所說之理則甚精眞空妙有原係一事必知此義乃不致以空爲障也。

梨洲曰:「佛氏從生死起念只是一個自爲其發願度衆生亦卽一個爲人何曾離得楊墨科曰?豈惟佛氏自科舉之學與儒門那一件不是自爲爲人自古至今只有楊墨之害更無他害」案謂佛氏從生死起念,前已辨之其發願度人則正所謂秉彝之不容已儒家力爭性爲善而非空正是此意不得轉以此病釋氏也。

然梨洲闢佛雖非是而其將一切惡悉歸到爲人爲己上見得至善惟有一點更移動分寸不得則其說甚精。

凡教總不能無迷信之談，此乃借以牖世，本非教中精義。得其義棄作筌蹄可矣。佛說來自天竺，彼土之人好驚退想說尤恢詭，此亦非佛說精義所在也。而此土之人或竟信以為真，則墮入迷信矣。溫公不信佛曰：「其微言不能出吾書，其誕者吾不信也。」佛說之誕乃其興於天竺使然，不足為佛病。然論佛說而能及此，卻可掃除許多障礙也。

朱子釋氏論曰：「佛之所生去中國絕遠，其書來者文字音讀皆累數譯而後通。而其所謂禪者則又出於口耳之傳而無文字之可據，以故人人得竊其說以附益之，而不復有所考驗。今其所以或可見者獨賴其割裂裝綴之迹，猶有隱然於文字之間而不可揜者耳。蓋凡佛之書其始來者，如四十二章、遺教、法華、金剛光明之類，其所言者不過清虛緣業之論神通變見之術而已。及其中間為其學者，如惠遠僧肇之流，乃始稍竊莊列之言以相之。然尚未敢以為出於佛之口也。及其久而恥於假借則遂顯然竊取其意，而文以浮屠之言。如楞嚴所謂自聞，即莊子之意；而圓覺所謂四大各離，今者妄身當在何處，即列子所謂精神入其門骨骸及其根我尚何存者也。凡若此類不勝枚舉。然其說皆萃於書首，其玄妙無以繼之，然後佛之本真乃見。如結壇誦呪二十五輪之類；以至於大力金剛吉盤荼鬼之屬，則其麁鄙俗惡之狀較之首章重玄極妙之旨蓋水火之不相入矣。至於禪者之言則其始也，蓋亦出於晉宋清談論議之餘習，而稍務反求靜養以默證之，或能頗

出神怪以衒流俗而已。如一葉五花之識，隻履西歸之說，雖未必實有其事，然亦可見當時所尚者，止於如此也。其後傳之旣久，聰明才智之士或頗出於其間，而自覺其陋。於是更出己意，益求前人之所不及者，以陰佐之；而盡諱其怪幻鄙俚之談。於是其說一旦超然眞若出乎道德性命之上，而惑之者遂以爲果非堯、舜、周、孔之所能及矣。然其虛夸詭誕之情淫巧儇浮之態展轉相高日以益盛，則又反不若其初時清閒靜默之說猶爲彼善於此也。」（語類：「宋景文唐書贊說佛多是華人之譎誕者攘莊周列禦寇之說佐其高此說甚好。如歐陽公只說個禮法程子又只說自家義理皆不見他正贓佛家先偸列子列子說耳目口鼻心體處有六件佛家便有六根又三之爲十八戒初間只有四十二章經無恁地多到東晉便有談議如今之講師做一篇議總說之到後來談議厭了，達磨便入來只靜坐於中稍有受用處人又都向此今則文字極多大槪皆是後來中國人以列莊說自文夾插其間都沒理會了。」）案佛說有大小乘其來有早晚。其經有眞僞譯有善否。又有意譯直譯之殊直譯者或能傳其說之眞意譯者則不免攙以此方之語而研究之其中應考校處甚多朱子所論雖未盡當（如不知列子係僞書竊佛說反以爲佛竊列子之類）然能見及此中應隙，要不可謂非善讀書者。自漢學之興輩詆宋儒爲空疏武斷其實宋儒如朱子卽讀書極博之人。此外博洽者尙多。其勇於懷疑善於得閒尤非漢唐及清儒所及。清代考證之學實亦自宋儒開其源（如朱子疑古文

篇十五　總論

二百十一

理學自創始迄今幾千年，信從者固多，攻擊者亦不少。綜所攻擊不外兩端：一病其空虛無用，一以為不近人情而已。前說可以清之顏習齋為代表，後說可以戴東原為代表。然二家所攻實皆理學末流之弊，至於理學之真則自有其卓然不可沒者。予舊有訂戴一篇，今附錄於後以見戴氏之說之所由來，及其當否，今更略評顏氏之說如下。

顏氏之攻理學，一言蔽之曰不切實用而已。故其釋「致知在格物」必以周官之鄉三物為物；而曰：「知無體，以物為體」。其說窮理則謂理在事中必就事分析極精乃為窮理（此說與戴氏同）。習齋之言曰：「以讀經史訂羣書為窮理處事以求道之功，則相隔千里以讀經史訂羣書為即窮理處事而曰道在是焉則相隔萬里矣譬之學琴，書猶琴譜也。爛熟琴譜講解分明，可謂學琴乎？故曰以書為道相隔千里也，更有妄人指琴譜曰是即琴也辨音律，協風韻，理性情，通神明，比物此志也。譜果琴乎？故曰以書為道相隔萬里也歌得其調，撫嫻其指弦，求中音徵，求中節，是之謂學琴矣，未為習琴也。手隨心音隨手清濁疾徐有常功，鼓有常規，奏有常樂，是之謂習琴矣，未為能琴也，弦器可手製也，音律可耳審也，詩歌惟其所欲也，心與手忘手與弦忘於是乎命之曰能琴」（存學編性理書評）顏氏之言如此，此其所以習自號也。顏氏之訾宋儒曰：「宋

儒如得一路程本觀一處，又觀一處，自以爲通天下路程人亦以曉路程稱之，其實一步未行，一處未到。」（見年譜。）顏氏謂宋儒之病在習靜在多讀書故提唱習動謂「誦說中度一日則習行上少一日；紙墨上多一分則身世上少一分」。又謂「讀書愈多愈惑審事機愈無識辦事愈無力」又謂「書生必自知其愚益深」案理學末流之弊誠有如習齋所云者然流弊何學蔑有要不得以此幷沒其學之眞偏於讀書誠理學必至之弊然始創理學者及理學大家初未謂當如此讀前此諸篇可見也大抵思想當大變動之時其人必好鶩心於玄遠以其視前此之是非然否悉不足憑而當別求標準也宋代正是其時今日時勢危急羣趨實際救焚拯溺之不暇而講哲學之風反大盛亦以此故偏於讀書之弊不獨宋學爲然率天下之人而至於疏於處事亦誠在所不免此亦分工之道不得不然今之科學家固有終身在試驗室中而未嘗一用其所學以作實事者矣亦得訛爲但讀琴譜但觀路程本邪？

附訂戴

戴東原作原善孟子字義疏證以攻宋儒近人亟稱之謂其足救宋儒之失，而創一新哲學也予謂戴氏之說足正宋學末流之弊耳至其攻宋學之言則多誤宋學末流之弊亦有創始之人有以召之者戴氏又不足以知之也宋學之弊在於拘守古人之制度制度不虛存必有其所依之時與地而各時各地人心

不同行諸此時此地，而犁然有當於人心者，未必其行諸彼時彼地，而仍有當於人心也。欲求其有當於人心，則其制不可不改。是以五帝不襲禮三王不沿樂，此猶夏葛而冬裘其所以求其當同也。宋之世去古亦遠矣民情風俗既大異於古矣古代之制安能行之而當於人心乎？宋儒不察執古之制以為天經地義以為無論何時何地此制皆當於理略加改變實與未改者等而欲以施之當時夫古之社會其不平等固甚宋時社會之等級既不若古之嚴矣在下者之會其上而自視以為不足與古之甚矣。宋儒執古之制而行之，遂使等級之燄復熾與人心格不相入。戴氏之言曰：「今之治人者，視古聖賢體民之情遂民之欲多出於鄙細隱曲不屑措諸意而及其責以理也，不難舉曠世之高節著於義而罪之尊者以理責卑長者以理責幼貴者以理責賤雖失謂之順卑者幼者賤者以理爭之雖得謂之逆於是下之人不能以天下之同情天下所同欲達之於上以理責其下而在下之罪人人不勝指數人死於法猶有憐之者死於理其誰憐之？」夫使尊者長者貴者威權益增而卑者幼者賤者無以自處是誠宋學之弊勢有所必至。由其尊古制重等級有以使之然也。（東原又謂：「今處斷一事責詰一人莫不曰理者於是負其氣挾其勢位加以口給者理伸力弱氣懾口不能辯者理屈」此則由人類本有強弱之殊理特其所藉口耳不能以此為提唱理者之罪也）至於以理責天下之人則非創宋學者之所為而為宋學末流之失。

戴氏又謂「理欲之說行，則讒說誣辭得以議君子而罪之，使君子無完行。」夫以宋儒克己之嚴豪釐不容有歉，因推此以繩君子而失之嚴事誠有之。至於小人則宋儒曷嘗謂其欲可不遂而不為之謀養生送死之道哉。橫渠見餓莩輒咨嗟對案不食者經日嘗以為欲致太平必正經界欲與學者買田一方試之未果而卒，程子提唱社會，朱子推行社會，凡宋儒講求農田水利賦役之法勒有成書欲行之當世者蓋數十百家。其志未嘗行其書亦不盡傳，然其事不可誣也。鄉曲陋儒抱性理大全侈然自謂已足不復知世間有相生相養之道徒欲以曠世之高節責之人民此乃宋學末流之失安可以咎宋儒乎？宋儒所謂理者卽天然至善之名，戴氏所謂必然之則也。戴氏稱人之所能為者為「必然」出於心知，與宋儒稱人之所能為而不必當者為氣質所當善者為義理為性有以異乎無以異乎夫特異其名而已。戴氏則曰：「吾所謂欲者出於血氣，所謂理義者出於心知，血氣心知皆天之所以與我，是非出於天哉謂理出於天附著湊泊於形體，形體者氣質適足為性之累是二之也。」夫宋儒曷嘗謂氣質一本也？宋儒謂理出於天，戴氏謂人之所能為者為「自然」出於血氣，其所當止者為「必然，」出於心知與宋儒稱理為性有以異乎無以異乎夫然則戴氏所謂血氣者任其自然遂不足為心知之累歟謂任血氣之自然不足為心知之累則戴氏所謂「義理氣質同出於天則氣質不應為義理之累宋儒謂氣質為義理之累是二之也。」「耳目鼻口之欲必以限制之命節之」之說為不可通矣謂性必限之以命；而聲色臭味常然之則必以

心為之君則宋儒之說戴氏實未有以易之也若曰「民之秉彝好是懿德，心知之自然能好懿德猶耳目鼻口之自然能好聲色臭味以是見義理之具於吾心與宋儒謂義理之性原於理，而理出於天者不同」則宋儒固亦未嘗不謂理具於吾心也特本之於天耳即戴氏謂義理之悅天然具於吾心也戴氏謂「其不能謂其不本之於天也戴氏謂「飲食能為身之養者以其所資以養之氣與所受之氣同問學之於德性亦然」是也安得謂宋儒「更增一本」乎？

戴氏曰：「宋儒所謂理即老氏所謂真宰釋氏所謂真空也。老釋自私其身欲使其身離形體而長存。乃就一身分為二而以神識為本推而上之途以神為有天地之本以無形無迹者為實故曰心性之郭廓。」老氏、釋氏是否自私其身是否為幻為宋儒以理當其無形無迹者，而以氣當其形體故曰「釋氏本心吾儒本天」其所謂理與老釋之所謂神識非神與形而二之今不暇及宋儒之關釋氏也。宋儒蓋病老釋以萬物為虛獨吾心為實則一切皆無定理猖狂妄行，無所不同物則彰彰明矣。宋儒所謂理者乃事物天然之則即戴氏所謂「有物必有則」也安得視為虛而無薄之物乎？可故欲以理正之宋儒所見者為實則一切皆無定理猖狂妄行，無所不吾心之明能得此天然之則者即戴氏所謂「能知不易之則之神明」也。

戴氏謂「老釋內其神而外形體舉凡血氣之欲悉起於有形體以後而神至虛靜無欲無為。宋儒沿

其說。故於民之饑寒愁怨飲食男女常情隱曲之感,咸視為人欲之甚輕古之言理也就人之情欲求之,使之無疵今之言理也離人之情欲求之,使之忍而不顧,故用之治人也,禍其人,夫人之生也莫病於無以遂其生欲遂其生亦遂人之生仁也,欲遂其生至於戕人之生而不顧,不仁也,不仁實始於欲遂其生之心。此欲必無不仁矣,然使無此欲,則於天下之人生道窮促,亦將漠然視之,己不必遂其生,而遂人之生無是情也,故欲不可無節之而已,謂欲有邪正則可以理為正,以欲為邪則不可也」此為戴氏主意所在,自比於孟子不得已而言者與,戴氏謂「吾聞朱子之言曰:「飲食天理也,要求美味人欲也」」則朱子所謂天理亦卽欲之出於正者與戴氏謂「欲其物理其則」同,未嘗謂凡欲皆不當於理也,人之好生乃其天然不已之情。自有人類以來,未有能外之者也,世固有殺生以成仁亦有殺以止殺者。彼以為不殺其身,不殺之可以止殺之人,則於生道為有害,其事雖出於殺其心仍以求夫生也,自有人類以來,未有以死為可歆生為可厭者,戴氏以為宋學者不欲遂其生者,先不能無自遂其生之心,則又有說世無不肯舍其生而可以救人者,蓋小我之與大我,其利害時有不同。於斯時也,而無捨救人之心,亦如恆人徒存一欲遂其生之念,則終必至於戕人之生而不顧此成仁之所以必出於殺身而行菩薩行者所以必委身以飼餓虎也,彼行菩薩行者,寧不知論各當其分之義固不當食肉以自養,亦不

必委身以飼虎哉?不有純於仁之心,固無以行止於義之事,彼行止於義者,其心固純於仁,所以止於義者,以所能行之仁,止於如此,不如此則轉將成為不仁,故不得已而止於此也,非其心之逐盡於此也,心之量苟適如其分而已。及其行之未有能盡乎其分者,而戴氏所謂戕人之生以遂其生之禍作矣,故以純乎理責恆人,宋儒未嘗有此,其有之則宋學之未失也,至於以純乎理自繩其身,則凡學問,未有不當如此者。抑強天下之人使皆進於高節,則不能誘掖天下之人使同進於高節則固講學問者所當具之志願,而非至天下之人實能同進於高節,天下亦決無真太平之望也。

戴氏謂「老釋以其所謂真宰真空者為已足,故主去情欲勿害之,而不必問學以擴充之。宋儒之說,猶夫老釋之說,故亦主靜以水之清喻性,以其受汙濁喻氣質」宋儒所謂情欲也,水澄則清,故主靜而易其說為主敬存理」云云,主靜之說,發自周子,其說曰:「立天之道曰陰與陽,立地之道曰柔與剛,立人之道曰仁與義」又曰「聖人定之以中正仁義而主靜立人極焉」蓋以人之所行不越仁義,而二者名異而實同,義所以行仁,而仁則所以為義立之體,無義固無以行仁,無仁亦無所謂義當而仁,正其所以為義也,義亦所以全夫仁所謂中也,止於中而不過,則所謂靜也,何以能靜,必有持守之方焉,則程子所謂主敬也,主敬而事物至當不易之則(宋儒所謂理)存焉矣,宋儒所謂靜非寂然不

勸之謂也。戴氏之說實屬誤會。

戴氏謂「宋儒詳於論敬而略於論學」此亦宋學末流之失。若程朱則「涵養須用敬，進學在致知」，兩端固並重也。抑進學亦必心明而後能之，故反身自勘之學，終不能不稍重於內。戴氏曰：「聖人之言，無非使人求其至當以見之行，求其至當即先務於知也。凡去私不求去蔽，重行不先重知，非聖學也」此說與程朱初無以異。又曰：「聞見不可不廣，而務在能明於心，一事豁然使無餘蘊，更一事而亦豁然貫通之謂，蓋天下之心知之明，進於聖知則雖未學之事豈足以窮其知哉？」此說亦與朱子「一旦豁然貫通」之說同。事物窮之不可勝窮，論明與蔽者，終不得不反之於心也，然與戴氏力主事物在吾心之外，謂心知之資於事物以益其明，猶血氣之資於飲食以益其養者，則未免自相矛盾矣。

戴氏謂「心之能悅懿德猶耳目鼻口之能悅聲色臭味。接於我之血氣，辨之而悅之者，必其尤美者也。接於我之心知，辨之而悅之者，必其至是者也」夫口之同嗜，易牙目之皆妓子都，耳之皆期師曠，亦以大致言之耳。鴟梟嗜鼠，卽且甘帶，人心之異，有不翅其若是者矣。謂義理之尤美者，必能爲人所悅，其然豈其然乎乃戴氏又曰：「理也者，情之不爽失者也。凡有所施於人，反躬而靜思之人以此施於我，能受之乎？凡有所責於人，反躬而靜思之人以此責於我，能盡之乎？以我絜之人則理明」故曰「去私莫如強恕」

夫人心之不同,如其面焉固有此視爲不能受,彼視爲無難受;此視爲不能盡,彼視爲無難盡者矣。若曰:「公則一,私則萬殊人心不同如其面,只是私心」則非待諸私欲盡去之,不可,因非凡人所能持以爲是非之準也凡人而度其所能受以施諸人度其所能盡以責諸人適見其一人一義十八十義樊然淆亂而已矣。戴氏曰「心之所同然始謂之理謂之義未至於同然者存乎其人之意見非理也非義也。凡一人以爲然天下萬世皆曰:是不可易也此之謂同然」此說安能見之於實如戴氏之所云亦適見其自謂幾理,而終成其爲意見而已矣。

理學綱要

此書有著作權翻印必究

編纂者	呂思勉
發行人	王雲五 上海寶山路五〇一號
印刷所	商務印書館 上海寶山路
發行所	商務印書館 上海及各埠

中華民國二十年三月初版
每冊定價大洋壹元貳角
外埠酌加運費匯費

OUTLINES OF CONFUCIAN
PHILOSOPHY
BY LÜ SZǓ MIEN
PUBLISHED BY Y. W. WONG
1st ed., March, 1931
Price: $1.20, postage extra
THE COMMERCIAL PRESS, LTD., SHANGHAI
All Rights Reserved

民国首版学术经典丛书

留欧外史（第一辑上编）
清代学术概论
中国目录学史
理学纲要
中国殖民史
白话本国史（四册）
近代中国留学史
五十年来中国之文学、论文杂记
历史研究法与中国文字变迁考
苏曼殊年谱及其他
中国商业史
妙峰山
中国文字学史（上下）

民国首版文学经典丛书

新月诗选
火灾
我们的六月
红的天使
红雾
未完的忏悔录
生死场
云游、志摩的诗
徐志摩选集
休息、给予者
迷羊
第七连
弘一大师永怀录
石门集
飞絮
鲁迅杰作选
胡适留学日记（四册）